Behinderte Jugendliche und ihr Übergang ins Erwerbs- und Erwachsenenleben
Ein OECD/CERI-Bericht

T0351636

BILDUNGSFORSCHUNG
INTERNATIONALER ORGANISATIONEN

Herausgegeben von Wolfgang Mitter und Ulrich Schäfer

DEUTSCHES INSTITUT
FÜR INTERNATIONALE PÄDAGOGISCHE FORSCHUNG

im Auftrag des Bundesministers für Bildung und Wissenschaft

Band 7

PETER LANG

Frankfurt am Main · Berlin · Bern · New York · Paris · Wien

Behinderte Jugendliche und ihr Übergang ins Erwerbs- und Erwachsenenleben

Ein OECD/CERI-Bericht

PETER LANG

Frankfurt am Main · Berlin · Bern · New York · Paris · Wien

Die Deutsche Bibliothek - CIP-Einheitsaufnahme

Behinderte Jugendliche und ihr Übergang ins Erwerbs- und
Erwachsenenleben : ein OECD/CERI-Bericht. - Frankfurt am
Main ; Berlin ; Bern ; New York ; Paris ; Wien : Lang, 1993
(Bildungsforschung internationaler Organisationen ; Bd. 7)
ISBN 3-631-45833-9

NE: Centre pour la Recherche et l'Innovation dans
l'Enseignement <Paris>; GT

Übersetzung: Hans-Joachim Schulze

Gedruckt mit Unterstützung des
Bundesministeriums für Bildung und Wissenschaft

ISSN 0938-264X
ISBN 3-631-45833-9

© Organisation for Economic Co-operation and
Development 1991
Originaltitel der englischen Ausgabe:
"Disabled Youth : from School to Work"

© Verlag Peter Lang GmbH, Frankfurt am Main 1993
Alle Rechte vorbehalten.

Printed in Germany 1 2 3 4   6 7

Im Jahre 1978 startete das Zentrum für Pädagogische Forschung und Innovation (CERI) der OECD ein Forschungsprogramm zu Fragen der Integration und des Übergangs junger Menschen, die behindert sind, in das Erwachsenen- und Erwerbsleben. Dieses Programm fand breite Unterstützung bei den Mitgliedstaaten.

In den Jahren 1982 bis 1986 wurde ein Forschungsprogramm zum Übergang von der Schule in das Erwachsenen- und Erwerbsleben durchgeführt. Möglich war dies dank der großzügigen Unterstützung des Bundesamtes für Sonderschulwesen und Rehabilitation der USA. Mehrere Berichte wurden daraufhin erstellt, wie etwa der Bericht *Young Persons with Handicaps − The Road to Adulthood* (erschienen 1986).

In Zusammenarbeit mit den australischen, französischen und schwedischen Behörden wurde 1986 eine Untersuchung zur Politik verschiedener Länder im Bereich von Kindern und Jugendlichen, die behindert sind, durchgeführt. Am Ende dieser Untersuchung stand eine hochrangige Konferenz im Dezember 1986 in Paris, die zu einer Reihe von weiteren Berichten führte.

Das Programm der Aktivitäten, die sich mit jungen Menschen mit Behinderungen befassen, geht nun mit einer Reihe von detaillierten Untersuchungen einzelner Aspekte des Übergangs in das Erwachsenen- und Erwerbsleben zu Ende. Eine dieser Aktivitäten befaßt sich mit der Organisation und Bewältigung des Übergangs.

Eines der wichtigsten Themen des Übergangsprogrammes war die Frage, wie man Kontinuität und einen erkennbaren Bezugspunkt für Jugendliche, die sich in der Übergangsphase befinden, und ihre Familien herstellen kann. Diese Frage wurde unter verschiedenen Gesichtspunkten beleuchtet:

a) die Information und Unterstützung, die die Jugendlichen und ihre Familien brauchen, um im Verantwortungsdickicht der verschiedenen Stellen und Ämter den Übergang in das Berufsleben zu bewerkstelligen,

b) die Suche nach wirksamen Mitteln und Wegen der kontinuierlichen Unterstützung für die Zeit, in der die Jugendlichen von der Schule über die Berufsausbildung in das Erwerbs- und Erwachsenenleben übergehen,

c) die Koordination der verschiedenen bildungs-, gesundheits-, sozial- und arbeitsmarktpolitischen Maßnahmen und Leistungen für Jugendliche im Hinblick auf anerkannte Zielvorstellungen über den Status eines Erwachsenen und die maximal erreichbare Autonomie.

Die ausführlichere Untersuchung, wie der Übergang bewerkstelligt wird, schloß drei Elemente ein: eine Bestandsaufnahme der Ergebnisse des Übergangsprogrammes, die Vergabe einer Reihe von Untersuchungen über die spezifischen Gegebenheiten in den Mitgliedstaaten, die in der Bestandsaufnahme benannt worden waren, und ein kleines Arbeitsseminar im November 1988 in Dänemark. Dieses Seminar wurde mit der aktiven Unterstützung der dänischen Behörden veranstaltet.

Der vorliegende Bericht behandelt das "Fallmanagement" und umfaßt die gesamte bisherige Arbeit zu diesem Aspekt des Übergangs, einschließlich der Ergebnisse des erwähnten Seminars. Er gliedert sich in drei Teile:

Teil 1   beschreibt die wichtigsten Ergebnisse und Themen des Übergangsprogrammes und den Kontext der speziellen Untersuchung des "Fallmanagements",

Teil 2   besteht aus den Auftragsstudien über die Bewältigung und Organisation des Übergangs,

Teil 3   enthält die Schlußfolgerungen über wirksame Mittel und Wege, den Betroffenen und ihren Familien bei der Bewältigung des Übergangs zu helfen.

Dieser Bericht wurde von den Mitarbeitern und dem Sekretariat des CERI ausgearbeitet. Die Äußerungen in Teil 2 geben die Meinung der jeweiligen Autoren wieder. Alle übrigen Aussagen stellen keine offizielle Äußerung der OECD oder der entsprechenden nationalen Behörden dar.

INHALTSVERZEICHNIS

Teil 1

EIN RAHMENKONZEPT FÜR DEN ÜBERGANG

Teil 2

UNTERSUCHUNGEN ZUM ÜBERGANG IN AUSGEWÄHLTEN LÄNDERN

Teil 3

SCHLUSSFOLGERUNGEN

Teil 1

EIN RAHMENKONZEPT FÜR DEN ÜBERGANG

HINTERGRUND

Erwachsensein

Eine der ersten Fragen, die man sich zum Übergang stellen muß, ist: Übergang wohin? Es ist alles andere als sicher, daß man von einem Jugendlichen mit einer Behinderung erwartet, daß er erwachsen wird, oder daß man ihn als Erwachsenen behandelt. Die Frage, ob der Status eines Erwachsenen erreicht wird oder nicht, war ein wichtiger Teil des Übergangsprojektes.

Man kam übereinstimmend zu der Schlußfolgerung, daß "Erwachsensein" alles andere als eine präzise Beschreibung eines rechtlich-sozialen Status und einer Reihe von individuellen, sozialen und wirtschaftlichen Alternativen ist. In verschiedenen Ländern und Kulturen kann es verschieden definiert sein, es gibt jedoch auch gemeinsame Merkmale. "Mündigwerden" läßt sich in vier Hauptlebensbereichen beobachten:

a) persönliche Autonomie und Unabhängigkeit,
b) produktives Handeln,
c) soziale Interaktion, Teilnahme am öffentlichen Leben, Freizeitaktivitäten,
d) Rollen in der Familie.

Ein Problem der meisten modernen entwickelten Gesellschaften ist, daß jeder dieser Lebensbereiche gewöhnlich in die Zuständigkeit eines anderen Amtes oder einer anderen Stelle fällt.

Notwendig ist daher ein begrifflicher Rahmen, der alle Aspekte des Übergangs von der Adoleszenz zum Erwachsenenalter umfaßt. In diesem Rahmen muß eine klare Definition von Verhaltenszielen erfolgen. Wenn sich alle Stellen und ihre Mitarbeiter, die Eltern und vor allem die Jugendlichen selbst über diese Ziele einig wären, könnte es einerseits mehr gemeinsame Anstrengungen geben, einheitlichere Ansätze im Übergangsprozeß zu entwickeln, und andererseits weniger Durcheinander in Fragen der Verantwortlichkeit.

Phasen des Übergangs

Die OECD/CERI-Untersuchung geht von drei zusammenhängenden Phasen des Übergangsprozesses aus:

a) die letzten Schuljahre,
b) weiterführende Bildung und Berufsqualifikation sowie
c) Eintritt in das Erwerbs- und Erwachsenenleben.

Diese Phasen decken in den einzelnen Mitgliedstaaten verschiedene Zeitspannen ab und weisen unterschiedliche Merkmale auf. Ihr Zusammenhang sollte deswegen deutlich gesehen werden.

Der Begriff der Behinderung

Die Übergangsphase zeigt deutlich, wie wenig eindeutig der Ausdruck "Behinderung" verwendet wird (dieser Aspekt wird ausführlicher im *Educational Monograph* Nr. 1, OECD/CERI 1987 behandelt). Üblicherweise ist er ein Etikett, das individuellen Defekten angeheftet wird. Es wird immer deutlicher, daß es erstens notwendig ist, zwischen einer funktionalen Behinderung (disability) und ihren behindernden (handicapping) Auswirkungen[1] zu unterscheiden, und daß zweitens diese Auswirkungen bei ein und derselben Behinderung von Mensch zu Mensch und von Situation zu Situation verschieden sind.

Aus dieser situationsabhängigen, individuellen Definition von Behinderung (handicap) folgt, daß es falsch ist, Menschen aufgrund eines einzelnen Kriteriums, wie etwa einer bestimmten Art von Behinderung (disability), zu kategorisieren. Dies führt nur zu schablonenhaftem Denken, zu unangebrachten Erwartungshaltungen und zu mangelnder Planung für die Bedürfnisse des Einzelnen.

Während der Übergangsphase wenden Schulen sowie Sozial-, Gesundheits- und Arbeitsämter bei der Definition, wer behindert ist, oft unterschiedliche Kriterien an. Diese Definitionen können auf der Annahme basieren, daß der Jugendliche Hilfe braucht, um so unabhängig wie möglich sein zu können, oder aber darauf, daß er vollkommen abhängig bleiben wird. In diesen Unterschieden zeigen sich Einstellungen, die für die Entwicklung der Heranwachsenden entscheidend sein können.

---

1 Anm. des Übers.: Für das deutsche Wort "Behinderung" gibt es im Englischen zwei Entsprechungen: "disability" und "handicap". An dieser Stelle unterscheidet der Autor zwischen "disability" für den körperlichen oder geistigen Defekt und "handicap" für die sich daraus ergebende Lebensbehinderung oder -einschränkung. Im weiteren Text werden beide Begriffsvarianten häufig aber auch synonym verwendet.

Zweifellos hat die moderne Technik zu einer Verringerung der einschränkenden Auswirkungen vieler Behinderungen geführt und so neue Erwartungen geweckt. Wir sollten deswegen nicht mehr von "einem behinderten Menschen" sprechen, sondern von "einem Menschen, der behindert ist". Das ist keineswegs nur eine semantische Spitzfindigkeit. Vielmehr zeigt sich darin eine bedeutende Veränderung und die Erkenntnis, daß es gerade Einstellungen, Verhältnisse und Verwaltungsentscheidungen sind, die darüber entscheiden, ob Behinderungen mehr oder weniger behindernd sind.

Beurteilung

Das Beurteilungsverfahren stellt eine mögliche Behinderung dar. In der Praxis können das Lernverhalten und die Leistung des einzelnen Schülers Faktoren sein, die darüber entscheiden, welche Alternativen man ihm nach dem Verlassen der Schule anbietet. Wenn ein Schüler in einer Sondergruppe ist, kann dies die Erwartungen und die angebotenen Möglichkeiten einschränken. Doch die in der Schule erwarteten Fertigkeiten und Kenntnisse haben möglicherweise wenig mit denen zu tun, die in den meisten Lebens- und Arbeitssituationen erwartet werden.

Wichtige Faktoren sind der Zweck einer Beurteilung und die Erkenntnisse, auf denen sie beruht. Wenn der Zweck Kategorisierung ist, kann dies zu schablonenhaften Urteilen und niedrigen Erwartungshaltungen führen. Wenn die Beurteilungsgrundlage die Schulleistung ist, dann ist die Beurteilung vielleicht für die weiterführende Bildung aussagekräftig, nicht aber für eine Beschäftigung oder für ein selbständiges Leben. Die Befähigung zur Arbeit oder zu einer selbständigen Lebensführung sollte man nicht beurteilen, ohne Erfahrungen in diesen Situationen zu beobachten. Eine Beurteilung sollte in einen Plan für den einzelnen Jugendlichen münden und nicht lediglich eine auf der früheren Leistung beruhende Voraussage sein.

Zentrale Probleme des Übergangs

Eine ausführliche Erörterung findet sich in der bereits erwähnten OECD/CERI-Veröffentlichung *Young People with Handicaps — The Road to Adulthood*. Die wichtigsten Aspekte lassen sich wie folgt zusammenfassen:

Unterschiedliche Ausgangspunkte. Am Ende der Schulzeit besuchen die Jugendlichen entweder normale Schulklassen, Sonderklassen oder Sonderschulen, oder sie sind in Krankenhäusern oder Internaten untergebracht. Wenn sie die Schule verlassen, sind sie häufig unterschiedlich alt. Eine wichtige Frage ist, inwiefern Ausgangssituation und -alter zu vorgefaßten Meinungen führen, die die Bandbreite der dem Einzelnen angebotenen Alternativen einschränken.

Kontinuität. In jeder der drei oben genannten Phasen haben verschiedene Stellen und Fachleute unterschiedliche Zielsetzungen und versuchen möglicherweise, verschiedene Entwürfe zu verwirklichen. Es wird immer wichtiger werden, einen kontinuierlichen Gesamtzusammenhang von Interessen, Entwürfen und Zielsetzungen zu entwickeln.

Einheitlichkeit. Jugendliche und ihre Familien sind oft mit widersprüchlichen Anforderungen und Haltungen konfrontiert. So leistet die eine Stelle vielleicht Unterstützung bei dem Erwerb beruflicher Qualifikationen, während eine andere dem Jugendlichen aufgrund seines individuellen Unvermögens eine Rente und Beihilfen zuerkennt. Liegt es aber im Interesse des Jugendlichen, abhängig zu bleiben? Eine gewisse Einheitlichkeit der Erwartungen bei den einzelnen Stellen ist notwendig.

Zeitrahmen. Die Erfahrungen aus vielen Ländern haben zweifelsfrei gezeigt, daß sich eine Verlängerung der Schul- und Ausbildung, besonders bei Jugendlichen mit starken Behinderungen, für die zukünftige Beschäftigung und die persönliche Unabhängigkeit auszahlt. In den USA und in Schweden bleiben Jugendliche normalerweise bis zum Alter von mindestens 18 Jahren auf der Sekundarschule und durchlaufen dann eine Berufsvorbereitung von zwei bis vier Jahren. In anderen Ländern dagegen gehen Jugendliche schon mit 16 Jahren von der Schule ab und erhalten dann eine Berufsvorbereitung von ein bis zwei Jahren. Erwachsenenkompetenz wird von den Menschen, die ohnehin am meisten benachteiligt sind, oft viele Jahre früher erwartet als von anderen mit längerer Schul- und Ausbildung.

Koordination. Jugendliche mit einer Behinderung haben oft guten Grund zu der Frage, ob die Schulen sowie die Gesundheits- und Sozialämter wissen, was die jeweils andere Stelle tut, und ob sie mit Freiwilligen-Organisationen zusammenarbeiten. Es ist viel mehr lokale Koordination erforderlich, zumindest soweit, daß man sich auf gemeinsame Zielsetzungen einigt.

Eltern und Übergang. Gerade in der Übergangsphase sind die Eltern von Jugendlichen mit Behinderungen oft besonders besorgt um die Zukunft ihrer Kinder und können ihnen, wenn sie keine Hilfe von außen erhalten, dadurch das Erwachsenwerden erschweren. Die Betreuer müssen eine Zeitlang mit ihnen zusammenarbeiten, damit sie eine Vorstellung davon entwickeln können, wie das Erwachsenenleben für ihr Kind aussehen kann. Information ist dabei nicht genug. Zwischen den Eltern, den Betreuern und den betroffenen Jugendlichen muß eine neue, dreiseitige Verbindung entstehen.

Selbständigkeit und Fürsprache. Wir müssen von dem "ewigen Kindheits"-Modell der Behinderung zu einer positiveren Sicht des Status eines Erwachsenen kommen. Neue Beziehungen werden nicht möglich sein, solange Menschen mit Behinderungen nicht fähig sind, ihre Meinung zu äußern und ihre Angelegenheiten selbst in die Hand zu nehmen.

Kategorisierendes oder individuelles Denken. Es ist bei uns üblich, Menschen nach der Art ihrer Behinderung zu kategorisieren und ihnen dann ein Paket an Leistungen zu verpassen, egal ob sie diese brauchen oder nicht. Wie weit können wir diese Leistungen individualisieren? Wie weit können wir erwarten, daß Jugendliche mit Behinderungen den Status eines Erwachsenen erlangen und dabei auf ihre eigenen Kräfte zurückgreifen und die Leistungen auswählen, die sie brauchen? Wenn wir jemanden als Behinderten abstempeln, gehen wir dann automatisch davon aus, daß er von Betreuern und Dienststellen abhängig sein muß?

KRITIERIEN FÜR DIE BEWERTUNG VON ÜBERGANGSMASSNAHMEN

Wir können nun die Übergangsphase als ganzes betrachten und einige Fragen dazu formulieren. Diese Fragen können auf eine Beurteilung abzielen und die folgenden umfassen:

1. Was sind die Ziele einer Beurteilung am Ende der Schulzeit? Dient sie der Kategorisierung oder der Aufstellung eines individuellen Plans?
2. Wie ausgewogen ist der Lehrplan in den letzten Jahren der Pflichtschulzeit und in der weiterführenden Bildung? Wieviel Gewicht wird den einzelnen schulischen, sozialen, beruflichen und auf die Fähigkeit zur selbständigen Lebensführung bezogenen Zielen beigemessen?
3. Welche Informationen erhalten Jugendliche und ihre Familien über die verschiedenen Einrichtungen und Leistungen, die ihnen in der Übergangsphase zur Verfügung stehen?
4. Wie weit besteht Übereinstimmung bei den Interessen, Entwürfen und Zielsetzungen aller an den drei Phasen des Übergangs Beteiligten?
5. Wie stark sind Eltern und Familien in die Planung und Unterstützung des Übergangs der Jugendlichen einbezogen?
6. Wie sehr fördern die in der Übergangsphase getroffenen Maßnahmen die Entwicklung von Unabhängigkeit und Autonomie sowie der Fähigkeit, für sich selbst zu sprechen?
7. Behindern die Arbeitsweise der Betreuer und die unterschiedlichen Zuständigkeiten die Entwicklung wirksamer Maßnahmen für den Übergang?
8. Mit welchen finanziellen Maßnahmen hilft man den Jugendlichen und ihren Eltern in der Übergangsphase? Inwieweit erschweren oder erleichtern diese Maßnahmen Autonomie und die Erlangung des Status eines Erwachsenen?
9. Wenn wir eine Versorgung durch und eine Integration in die Gemeinschaft anstreben, wie definieren wir dann Gemeinschaft?

Diese Fragen ergeben ein zusammenfassendes Bild davon, wie der Übergang bewerkstelligt wird. Genau dieser Aspekt war der Hauptzweck der vorliegenden Untersuchung.

DIE ZIELE DER UNTERSUCHUNG

In der Zeit des Übergangs von der Schule in das Erwachsenen- und Erwerbsleben sehen sich junge Menschen, die behindert sind, oft einer verwirrenden Vielfalt von Betreuungsangeboten und Zuständigkeiten gegenüber. Aus einer relativ einfachen Situation, in der die Schule der natürliche Mittelpunkt für die Zusammenarbeit der Betreuenden war, gelangen die Jugendlichen und ihre Familien in ein zumeist unbekanntes Gebiet, wo es nur wenige eindeutige Wegweiser gibt und in dem die verschiedenen Kriterien und Zielsetzungen der einzelnen Stellen oft nicht miteinander vereinbar sind.

Die Arbeit im OECD/CERI-Übergangsprojekt machte vor allem deutlich, daß es notwendig sein würde, noch genauer die Möglichkeiten zu untersuchen, wie der Übergang erfolgreicher bewerkstelligt werden kann. Zusammenfassend wurde dafür der Begriff "Fallmanagement" geprägt, doch ist dies nur ein Kürzel, welches weiterer Erläuterung bedarf.

Der Übergangsprozeß und der für Menschen mit Behinderungen mögliche Status eines Erwachsenen hängt in starkem Maße von den unterschiedlichen Kontexten in den Mitgliedstaaten und ihren Regionen ab sowie von ihren kulturellen Werten und ihrer Sozialpolitik für junge Menschen. Doch da jeder Mensch letztendlich irgendeine Art von Übergang durchlaufen muß, gilt es Gemeinsamkeiten herauszufinden, wie dies am besten geschieht.

Ziel dieser Untersuchung war es, diese Gemeinsamkeiten ausführlich zu erörtern, Verfahrensweisen zu untersuchen, die einen erfolgreichen Übergang wirksam zu begünstigen scheinen, und Möglichkeiten darzustellen, wie Dienststellen und Betreuer aus anderen Ländern sich wichtige Bestandteile dieser Verfahrensweisen zu eigen machen können.

Themen der Untersuchung

Drei große Themenbereiche stehen im Mittelpunkt dieser Untersuchung:

a) Wie kann man in einer Phase, in der verschiedene Dienststellen mit verschiedenen Verantwortungsbereichen häufig nicht die gleichen Zielsetzungen verfolgen, zusammenhängende Pläne für den Übergang junger Menschen in das Erwachsenen- und Erwerbsleben entwickeln?

b) Wie kann man ein ausgewogenes Verhältnis zwischen der Gestaltung des Übergangs durch die jeweils Betroffenen und seiner Gestaltung durch Behörden und Betreuer erreichen?

c) Wie können Leistungen und Handlungen von Behörden und Betreuern aussehen, die jungen Menschen wirksam den Berufsübergang erleichtern und ihren Familien helfen, ihnen den Status eines Erwachsenen zuzuerkennen?

Zentrale Fragen

Die vorliegende Untersuchung sollte bestimmte Probleme ansprechen. Im Mittelpunkt standen die Jugendlichen und ihre Familien sowie die Möglichkeiten, wie die verschiedenen Dienststellen und Einrichtungen den Übergang in das Erwachsenen- und Erwerbsleben fördern können. Zur Diskussion standen unter anderem folgende Punkte:

a) Gibt es übereinstimmende Zielsetzungen, auf die die einzelnen Stellen und Ämter hinarbeiten?
b) Wie erhalten die Jugendlichen und ihre Familien Informationen, die es ihnen ermöglichen, den Übergang zu planen?
c) An wen können sich die Jugendlichen und ihre Familien in der Übergangsphase um Hilfe wenden?
d) Werden individuelle Pläne für den Übergang erstellt, oder gibt es schablonenhafte, begrenzte Erwartungen und Chancen auf der Basis von Behinderungskategorien?
e) Gibt es eine Kontinuität während des Wechsels von der Schule zur Beschäftigung und zu einem selbständigen Leben, und wer schafft diese Kontinuität?
f) Wie sind die Jugendlichen darauf vorbereitet, ihren eigenen Übergang zu bewältigen?
g) Welche der möglichen Rollen — Betreuer mit Schlüsselfunktion, Helfer, Fallmanager, Antreiber, Begleiter oder Berater — scheint am geeignetsten für eine Übergangsphase, an der so viele verschiedene Instanzen beteiligt sind?

17

Teil 2

UNTERSUCHUNGEN ZUM ÜBERGANG IN AUSGEWÄHLTEN LÄNDERN

Gia Boyd Kjellen

DAS KURATOR-SYSTEM IN DÄNEMARK

Einführung

Ein besonderes Anliegen der OECD/CERI-Übergangsstudie waren die Möglichkeiten, wie die Jugendlichen und ihre Familien in dieser wichtigen Lebensphase Informationen und Beratung erhalten können. Verschiedene Entscheidungsmöglichkeiten und verschiedene Verantwortungsbereiche von Dienststellen stellen eine komplexe Herausforderung an Fallmanagement und Beratungsdienste dar.

Eine einzigartige Einrichtung ist das Kurator-System in Dänemark. Als Vorbereitung auf eine eigene Untersuchung des Fallmanagements wurde eine eingehendere Untersuchung des Kurator-Systems beschlossen. Der vorliegende, gekürzte Bericht basiert auf einer einwöchigen Informationsreise im Mai 1987.

Das Programm des Aufenthalts

Ein zweitägiges Informations- und Besuchsprogramm in Kopenhagen diente dazu, die Arbeit der Kuratoren in den Kontext der sonderpädagogischen Situation einzuordnen. Es folgten drei Tage mit Beobachtungen der Arbeit von Kuratoren im Raum Odense. In dieser Zeit fanden Besuche bei Schulen und anderen Einrichtungen sowie Gespräche mit Jugendlichen und ihren Eltern statt.

Das dänische Bildungssystem

Mit dem Gesetz über die Volksschule (*folkeskole*) von 1975 wurde ein Gesamtschulsystem von der 1. bis zur 10. Klasse eingeführt. Oberster Grundsatz des Gesetzes ist, daß jeder, unabhängig von Geschlecht, sozialer und geographischer Herkunft sowie körperlicher oder geistiger Behinderung, den gleichen Zugang zu Bildung und Ausbildung haben soll.

Der Schulbesuch während der Pflichtschulzeit ist nicht in einzelne Stufen aufgeteilt; alle Schüler besuchen die gleiche Schule vom Vorschulalter bis zur 10. Klasse. Doch können Schüler der Volksschule auf Wunsch die letzten beiden Jahre in einer Nachschule *(efterskole)* verbringen. Manche dieser Nachschulen sind speziell für behinderte Schüler bestimmt und verbinden Unterricht und praktische Arbeit.

Wenn Schüler nach Abschluß der Volksschule eine weiterführende Bildung, die zur Hochschule führt, anstreben, können sie zwischen dem Gymnasium *(gymnasiet)* und einem Bildungsgang, der auf die "Höhere Vorbereitungsprüfung" *(højere forberedelseseksamen)* hinführt, wählen. Dieser Bildungsgang ist eine alternative Möglichkeit der Qualifikation für Weiterbildung oder Studium.

Schüler, die sich für eine berufsorientierte Ausbildung entscheiden, können wählen zwischen einer Lehre (2-4 Jahre) und einer Berufsgrundbildung *(erhvervsfaglig grunduddannelse* − EFG).

Zusätzlich gibt es noch Jugendschulen *(ungdomsskole)* in kommunaler Trägerschaft für Jugendliche zwischen 14 und 18 Jahren. Diese bieten ein breites Spektrum von Kursen für weniger begabte Jugendliche an, die so ihre Beschäftigungschancen verbessern können.

Gesetzgebung

Im folgenden werden einige Gesetze, die Kinder und Jugendliche mit Behinderungen oder erheblichen Lernschwierigkeiten betreffen, kurz dargestellt.

Verordnung des Bildungsministeriums über sonderpädagogischen Unterricht in der Volksschule von 1978. Diese Verordnung, die 1980 in Kraft trat, übertrug die Verantwortung für die Schulbildung von Kindern und Jugendlichen mit Behinderungen, welche zuvor beim Sozialministerium gelegen hatte, dem Bildungsministerium. Kommunen und Kreise sind seitdem für die schulische Versorgung von Behinderten zuständig und werden bei der Finanzierung mit Pauschalsubventionen von der Regierung unterstützt.

Paragraph 19 der Verordnung legt die jeweiligen Verantwortungsbereiche der Kommunen und Kreise im Bereich der schulischen Versorgung und der sonstigen Dienste fest. Danach ist es Aufgabe der

a) Kreise, Schüler mit schweren Behinderungen zu unterrichten (§ 19.2). Man spricht häufig auch vom Paragraph-19.2-Unterricht.
b) Kommunen, andere Schüler mit Behinderungen und besonderen pädagogischen Bedürfnissen zu unterrichten (§ 19.1).

Ministerialverordnung im Rahmen des Sozialhilfegesetzes von 1976 in der Fassung von 1979. Diese Verordnung regelt die Unterrichtung der Sozialämter über Schüler in Sonderklassen durch die Kuratoren. Zwar gibt es keine Pflicht zur Information (obwohl diese in manchen Städten üblich ist), jedoch ermöglicht eine Information den Schülern, finanzielle Unterstützung zu bekommen, besonders wenn sie eine Nachschule besuchen. Die Förderung ist vom Einkommen der Eltern abhängig.

Paragraph 42 des Sozialhilfegesetzes von 1976. Dieser Paragraph regelt die finanzielle Unterstützung der beruflichen Rehabilitation und der Weiterbildung für Jugendliche, die älter als 18 Jahre sind. Der Kurator hilft den Jugendlichen, finanzielle Unterstützung zu beantragen. Die städtischen Behörden entscheiden über Höhe und Dauer der finanziellen Unterstützung. Diese Unterstützung ist unabhängig vom Einkommen der Eltern, sie wird allerdings in manchen Fällen als Darlehen geleistet.

Verordnung des Bildungsministeriums von 1988 (Entwurf). Diese Verordnung, die zur Zeit diskutiert wird, soll die Aufgaben von Schulpsychologen bei der Arbeit mit Schulabgängern festlegen sowie die Hilfe, die Kuratoren diesen Jugendlichen beim Einstieg in die weiterführende Bildung oder bei der Aufnahme einer Arbeit leisten können.

Gesetz zur Beratung von Jugendlichen. Dieses Gesetz, das 1981 in Kraft trat, stellt sicher, daß alle Jugendlichen unter 19 Jahren über Bildungs- und Ausbildungsmöglichkeiten beraten werden.

Das System der Sonderpädagogik in Dänemark

Die Sonderpädagogik hat eine lange Tradition in Dänemark. Das Königliche Institut für Taube wurde 1807 eröffnet, und seit 1871 besteht Schulpflicht für diese Gruppe. Das Königliche Blindeninstitut wurde 1811 eröffnet, Schulpflicht besteht seit 1926. 1855 wurde die erste Schule für Kinder mit geistigen Behinderungen und Lernbehinderungen eröffnet, und seit 1959 besteht Schulpflicht. Bis 1934 wurden alle genannten Schulen privat mit einem staatlichen Zuschuß finanziert, dann übernahm der Staat die Schulen.

Die ersten städtischen Klassen für, wie es damals hieß, zurückgebliebene Kinder wurden im Jahre 1900 eingerichtet. Klassen für Kinder mit Leseschwächen wurden 1955 und für Kinder mit motorischen Behinderungen 1961 eingerichtet. 1967 schließlich entstanden Klassen für psychotische Kinder.

Seit den fünfziger Jahren hatten die Kommunen auch den sonderpädagogischen Bereich zu versorgen, doch wurden Kinder mit schweren Behinderungen auf staatliche Schulen geschickt. 1980 gingen diese Schulen in die Trägerschaft der Kreise und Kommunen über. Gleichzeitig mußten die Volksschulen Unterstützungsmaßnahmen für Schüler, deren Entwicklungsstand dies erforderte, einrichten, und die Schulzeit von Schülern mit schweren Behinderungen wurde auf elf Jahre verlängert.

Die Gesetzesänderungen von 1980 basieren auf den Grundsätzen der Normalisierung, der Dezentralisierung und der Integration. Behinderte Kinder haben das gleiche Recht auf Bildung wie andere Kinder. Normalisierung wird nicht als die an den Einzelnen gerichtete Forderung verstanden, sich auf die Gesellschaft einzustellen, sondern als Herausforderung an die Gesellschaft, sich auf den Einzelnen einzustellen.

Die Zusammensetzung der Sonderschülerschaft

Schüler mit Lernschwierigkeiten, für die sonderpädagogischer Unterricht notwendig erscheint, lassen sich in vier Hauptgruppen einteilen:

a) Schüler mit spezifischen Körper- oder Sinnesbehinderungen, z.B. des Seh- oder Hörvermögens, der motorischen Funktionen usw.,

b) Schüler mit allgemeinen Lernschwierigkeiten, z.B. lernschwache Schüler, Kinder mit geistigen Behinderungen oder psychischen Entwicklungsstörungen,

c) Schüler mit sozialen Anpassungsschwierigkeiten, z.B. Kinder mit Verhaltensstörungen, sozialen und emotionalen oder psychischen Störungen,

d) Schüler mit spezifischen Schwierigkeiten, z.B. leseschwache oder legasthenische Kinder.

Im Schuljahr 1983/84 betrug der Anteil der Sonderklassen an der Gesamtstundenzahl (normale und Sonderklassen zusammengenommen) der Volksschule 16 Prozent.

Der Aufbau des Kurator-Systems

Innerhalb des Bildungsministeriums ist das Direktorium für Volksschulen und Lehrerausbildung auch für den sonderpädagogischen Bereich zuständig. In der Abteilung Sonderpädagogik gibt es einen Berater für die Kuratoren. Er fungiert als Verbindungsperson zwischen dem Ministerium und den vor Ort arbeitenden Kuratoren. Diese Position wird selbst mit einem Kurator besetzt, der drei Tage der Woche im Ministerium arbeitet und die restlichen zwei Tage in der Stadt, bei der er angestellt ist. Ein Kurator kann diese Stelle bis zu sieben Jahre lang innehaben.

Der Kurator ist stets ein Volksschullehrer mit der Lehrbefähigung für die Klassen 1 bis 10. Es gibt keine gesonderte Laufbahn für Kuratoren. Auch wenn keine formale Ausbildung für Kuratoren existiert, so haben doch die meisten Kuratoren nach ihrem Universitätsabschluß an zusätzlichen Kursen über Beratung und Sonderpädagogik teilgenommen. Um die Position eines Kurators bewerben sich erfahrene Lehrer, und diejenigen, die schließlich ernannt werden, sind Lehrer, die die jeweilige Schule und den Stadtteil genau kennen.

Zur Zeit gibt es 140 Kuratoren, von denen 110 Schulberater sind und 30 das Amt des Kurators mit der Tätigkeit eines Beratungslehrers verbinden.

Jede Stadt erstellt ihren eigenen Plan für die Arbeit der Kuratoren. Wenn es sich um kleine Schulen handelt, können diese sich ein Beratungsteam teilen; ebenso können sich auch kleine Gemeinden ein Beratungsteam teilen. Es gibt keinen feststehenden Arbeitsplan; Kuratoren arbeiten eng mit den Klassenlehrern zusammen und entwickeln ihren eigenen Arbeitsplan innerhalb des Beratungsteams.

Das Beratungsteam

In allen Schulen gibt es eine Beratungseinrichtung mit einem Team, das aus einem Schulpsychologen, einem Beratungslehrer, einem Jugendberater und gegebenenfalls einem Kurator besteht. Die Einstellung eines Beratungslehrers ist gesetzlich vorgeschrieben, die eines Kurators dagegen nicht.

Beratungslehrer: Das Schulgesetz von 1975 legt fest, daß es in jeder Schule einen Beratungslehrer geben muß. Seine Aufgabe ist es, allen Schülern der 7. bis 10. Klasse Beratung bei der Fächerwahl sowie über Bildungs-, Ausbildungs- und Beschäftigungsmöglichkeiten anzubieten. Zum Beratungsangebot gehört ferner die Vermittlung von Praktika und die Einladung von Gastrednern aus Ausbildungsinstitutionen und Betrieben. Ein konkreter Arbeitsplan ist in einem Rundschreiben des Ministeriums an die Beratungslehrer festgelegt.

Jugendberater: Ein 1981 verabschiedetes Gesetz legt fest, daß alle Jugendlichen einer Gemeinde für die Dauer von bis zu zwei Jahren nach Schulabschluß, mindestens aber bis zur Vollendung des 19. Lebensjahrs, Zugang zu einem Berater in Bildungs- und Beschäftigungsfragen haben sollten. Das Ziel der Beratung ist es, den Übergang von der Schule zur weiterführenden Bildung und zur Beschäftigung zu erleichtern. Beratungsgespräche sollten zweimal jährlich stattfinden.

Kurator: Die dritte Person des Beratungsteams ist der Kurator als Berater für Schüler mit Lernschwierigkeiten, die Sonderklassen besuchen. Umfang und Grad der Behinderung der Schüler in diesen Klassen sind von Ort zu Ort verschieden. Manche Kuratoren helfen auch Kindern mit Behinderungen, die in Regelklassen integriert sind.

Während der Schulzeit haben Schüler einen Anspruch auf die Unterstützung durch einen Kurator. Nach dem Schulabschluß müssen die Jugendlichen von sich aus Kontakt zum Kurator aufnehmen, wenn sie seine Hilfe weiterhin wünschen. Es ist nicht Aufgabe des Kurators, von sich aus ihren Werdegang zu verfolgen.

Viele Kuratoren sind auch als Jugendberater tätig und stehen behinderten Jugendlichen in dieser Eigenschaft zur Verfügung, das heißt, sie treffen sich zweimal jährlich mit ihnen und sind gesetzlich dazu verpflichtet, ihren Werdegang über den Schulabschluß hinaus zu verfolgen. Kuratoren, die auch als Jugendberater arbeiten, bekommen zusätzliche Stunden für die Arbeit mit behinderten Jugendlichen angerechnet.

Koordination

Die Stadtverwaltungen haben die Aufgabe, die Arbeit aller Beratungseinrichtungen für Jugendliche unter 25 Jahren zu koordinieren. Dazu müssen sie einen Jugendausschuß bilden, der sich aus Vertretern der verschiedenen Beratungseinrichtungen − Schul- und Jugendberater sowie Vertreter der Sozial- und Arbeitsämter − zusammensetzt. In manchen Städten ist auch der Kurator Mitglied dieses Ausschusses; die Entscheidung darüber liegt bei der jeweiligen Stadt.

Die Arbeit des Kurators

Der Kurator könnte als Spezialist in Sachen Übergang bezeichnet werden. Er verfügt über spezielle Kenntnisse der örtlichen Verhältnisse und über Verbindungen zu anderen Stellen und hat Erfahrung in der Arbeitsvermittlung. Die Beratung in der Übergangsphase erfolgt in Zusammenarbeit mit den behinderten Schülern, ihren Eltern und ihren Lehrern. Es handelt sich um einen informellen Prozeß, der nicht durch Gesetze geregelt ist und darauf abzielt, einen individuellen Plan für jeden einzelnen Schüler auszuarbeiten.

Die Beratung, die Kuratoren leisten können, umfaßt die Gebiete Arbeit, Ausbildung, Freizeitbeschäftigungen, Familienbeziehungen und die wirtschaftlichen Aspekte des Familienlebens. Es handelt sich um eine allgemeine, nicht um eine psychologische Beratung. Falls eine intensivere psychologische Beratung erforderlich ist, können psychologische Beratungsstellen oder andere Organe dies übernehmen.

Ein Kurator wird von einer Stadt angestellt, wenn mindestens 2 000 Schüler die städtischen Schulen besuchen. Für die Beratungs- und Vermittlungstätigkeit wird ihm eine Reduzierung der Wochenstundenzahl gewährt, die von der Zahl der Schüler abhängig ist. Bei 2 000 bis 2 500 Schülern beträgt die Reduzierung vier, bei 2 501 bis 3 000 Schülern fünf Stunden und darüber hinaus bei jeweils 1 000 zusätzlichen

Schülern eine weitere Stunde. In größeren Städten arbeitet ein Kurator in einem Stadtteil mit mindestens 5 000 Schülern.

Es gibt eine ganze Anzahl von Beschreibungen der Arbeit von Kuratoren, da jede Gemeindeverwaltung eine eigene Beschreibung erstellen kann. Im folgenden wird die Arbeitsplatzbeschreibung der dänischen Lehrergewerkschaft wiedergegeben. Der Kurator

a) untersteht bei der Ausübung seiner Arbeit der Schulleitung. Daneben ist er Assistent des leitenden Schulpsychologen,
b) berät Schüler in Sonderklassen, Schüler mit allgemeinen Lernschwierigkeiten und andere retardierte Kinder sowie deren Eltern während der Schulzeit und den ersten Jahren des Übergangs über schulische Bedingungen sowie über Bildungs-, Ausbildungs- und Arbeitsmöglichkeiten. [In jüngster Zeit ist die Tendenz zu beobachten, daß Kuratoren viele dieser Schüler bis über ihr zwanzigstes Lebensjahr hinaus weiter betreuen],
c) arbeitet mit den Klassenlehrern, dem Schulleiter, dem Schulberatungsteam, der Schulschwester, dem Schularzt und anderen Organen des Sozial- und Gesundheitsdienstes zusammen, um sich ein vollständiges Bild von den betroffenen Schülern machen zu können,
d) trägt, gegebenenfalls in Zusammenarbeit mit dem Klassenlehrer und anderem Beratungspersonal, die Verantwortung dafür, daß die Schüler Bildungs-, Ausbildungs- und Berufsberatung erhalten,
e) hat die Aufgabe, Arbeitgeber auf Schüler, die besonderer Aufmerksamkeit bedürfen, anzusprechen. Mit Erlaubnis der Eltern kann der Kurator auch an Arbeitsvermittlungen und Arbeitgeber herantreten, um Arbeitsplätze für die Schüler zu finden,
f) sollte gut über die Arbeits- und Sozialgesetzgebung sowie über Arbeitsbedingungen und Löhne informiert sein. Er sollte sich auch in den örtlichen Gegebenheiten auskennen und an Gesprächen über die Entwicklung von Maßnahmen für den Berufsübergang der von ihm betreuten Schüler teilnehmen.

Der Bildungsausschuß der Stadt Odense erstellte 1976 eine zehn Punkte umfassende Arbeitsplatzbeschreibung, die sich eng an den gewerkschaftlichen Entwurf anlehnt.

Die Arbeitswoche eines Kurators

In Odense, einer Stadt mit 170 000 Einwohnern, besuchen etwa 17 000 Schüler von der Eingangsstufe bis zur 10. Klasse die 42 Volksschulen. In sechs dieser Schulen gibt es Sonderklassen für Schüler mit allgemeinen Lernschwierigkeiten. Im Schuljahr 1986/87 betreuten vier Kuratoren die 285 Schüler dieser Klassen. Eine typische Arbeitswoche, wie sie in Odense zu beobachten war, beginnt zum Beispiel am Montagmorgen mit einer Sprechstunde (zwei Zeitstunden) in der Schule, an der

der Kurator beschäftigt ist. Die vier Kuratoren in Odense teilen sich sechs Schulen und haben jeder ein eigenes Büro an einer bestimmten Schule. Diese Sprechstunde ist wichtig, da Eltern, Lehrer und andere Personen, die mit dem Schüler und seiner Familie zu tun haben, sich dann darauf verlassen können, daß der Kurator direkt nach dem Wochenende erreichbar ist. Der Kurator richtet außerdem unter der Woche außerhalb der Schulzeit eine zweite Sprechstunde ein, während der er telefonisch erreichbar ist.

Der Unterricht in Sonderklassen oder Regelklassen nimmt den größten Teil der Woche ein. Zwei Orientierungsstunden über Ausbildung und Beruf sind obligatorisch, die übrigen Stunden können in beliebigen Fächern und Klassen gehalten werden.

Durch die Reduzierung der Wochenstundenzahl hat der Kurator Zeit, Jugendliche im Praktikum oder am Arbeitsplatz aufzusuchen. Dabei kann er neue Arbeitgeber ausfindig machen und Kontakte zu einer Vielzahl von Mitarbeitern, die mit der Übergangsphase befaßt sind, unterhalten.

Ständiger Kontakt zu den Eltern ist ein wichtiger Bestandteil der Arbeit. Regelmäßige Hausbesuche und Treffen finden meist außerhalb der Schulzeit statt, um beiden Eltern die Teilnahme zu ermöglichen.

Wen betreuen die Kuratoren

In der Praxis betreuen die Kuratoren hauptsächlich Schüler mit allgemeinen Lernschwierigkeiten, die Sonderklassen besuchen. Manchmal betreuen sie auch Schüler mit anderen Behinderungen in Regelklassen.

In der 8. Klasse gibt der Kurator erstmals Bildungs- und Berufsorientierungsstunden. Das Fach wird in zwei Wochenstunden von der 8. bis zur 10. Klasse unterrichtet. Gerade in dieser Zeit kann der Kurator die Jugendlichen kennenlernen und Pläne für die weitere Schulbildung, für Praktika und Arbeit erstellen.

In der 9. und 10. Klasse entscheiden sich manche Schüler auch für einen ein- bis zweijährigen Besuch der Nachschule. Der Kurator muß genaue Kenntnisse über diese Schulen haben und soll den Schülern dabei helfen, die Schulen auszuwählen und sich um Plätze zu bewerben. Kuratoren betreuen die Schüler, die solche Schulen besuchen, weiter und helfen ihnen bei der Suche nach Ausbildungs- oder auch Arbeitsplätzen.

Bei der Betreuung von Schülern mit Behinderungen in Regelklassen arbeitet der Kurator oft mit den Beratungs- und Klassenlehrern zusammen. Wenn Eltern und Schule einen schriftlichen Antrag an das Beratungsteam stellen, kann dem Kurator auch die Zuständigkeit für den Berufsübergang dieser Schüler übertragen werden.

Ähnlich wie bei Schülern in Sonderklassen hat der Kurator dann die Aufgabe, Hilfe bei Übergangsmaßnahmen zu leisten.

Schritte des Übergangs in den Beruf

In den Orientierungsstunden macht sich der Schüler mit Ausbildungs- und Berufsalternativen vertraut und bekommt einen Einblick in die Arbeitswelt. Es gibt zwei Möglichkeiten, wie Schüler Arbeitserfahrung erwerben können, nämlich durch Praktika und durch befristete Arbeitsverhältnisse. Praktika werden von allen Schülern in den letzten Schuljahren absolviert, befristete Arbeitsverhältnisse sind nur bei Schülern in Sonderklassen der 10. Jahrgangsstufe möglich.

Alle Schüler sollten in der 8., der 9. und der 10. Klasse an Praktika teilnehmen. Bei den von einem Kurator betreuten Schülern bespricht dieser zunächst die einzelnen Alternativen mit den Schülern, zieht den Schularzt zu Rate, führt ein Gespräch mit den Eltern und holt deren Zustimmung ein. Die Schüler durchlaufen dann im Laufe eines Schuljahrs mehrere unbezahlte Praktikumszeiten; der Kurator sucht sie dabei mehrmals auf, um sich ein Bild davon zu machen, wie die Schüler mit der Arbeitssituation fertig werden. Die Schüler können außerdem kurze Einführungskurse an Jugendschulen und Fachschulen besuchen.

Befristete Arbeitsverhältnisse werden als besonders wichtig für Jugendliche mit Behinderungen angesehen, weil sie ihnen Selbstvertrauen geben und ihre Chancen, einen Arbeitsplatz zu finden, erhöhen. In der 10. Klasse hilft der Kurator seinen Schülern bei der Suche nach einem Arbeitsverhältnis, das unterschiedlich gestaltet werden kann. Ein Schüler kann beispielsweise

a) jeden Tag von 8 bis 11 Uhr die Schule besuchen und dann zur Arbeit gehen,
b) drei Tage in der Woche zur Schule und zwei Tage zur Arbeit gehen oder umgekehrt,
c) ein halbes Jahr lang ganztägig arbeiten und dann wieder zur Schule gehen.

Arbeitsbedingungen und Bezahlung werden für jeden Schüler gesondert vereinbart. Die Bezahlung erfolgt durch den Arbeitgeber und kann ein vereinbarter Arbeitslohn sein oder sich aus einem Arbeitgeberanteil und einer Zuzahlung der Sozialämter zusammensetzen. Treten Probleme auf, dann wenden sich der Arbeitgeber, die Eltern oder die Jugendlichen selbst an den Kurator.

Arbeitsbereiche des Kurators und Netzwerke

Im Unterricht und bei der Arbeit mit den Schülern, ihren Familien und einer Vielzahl von anderen Mitarbeitern und Betreuern hat der Kurator mit folgenden Aspekten des Lebens der Schüler zu tun:

a) Schulische Gegebenheiten: Fächerwahl, Berufsorientierung, Praktika, befristete Arbeitsverhältnisse, weiterführende Bildung, Ausbildungsförderung, Jugendschulen;

b) Ausbildung und weiterführende Bildung: Nachschulen, Abendschulen, Hauswirtschaftsschulen, Berufsschulen, Lehre, schulische Berufsgrundbildung und Ausbildungsschulen für angelernte Arbeiter;

c) Arbeitsbedingungen: Berufswahl, Bewerbungen, Referenzen, Gehälter und Konditionen, Berufsberater, Arbeitgeber, Gewerkschaften und Gesetzgebung;

d) Persönliches: Behinderung, häuslicher Lebensbereich, wirtschaftliche Situation, Freizeit, Unfälle, Wehrdienst, soziale Sicherheit, Behörden, Ämter und Sozialfürsorge.

Die Aus- und Fortbildung des Kurators

1953 gab die Jugendkommission die Empfehlung aus, im Bereich der Sonderpädagogik "Berater" einzuführen. Sie sollten lernbehinderten Schülern dabei helfen, Kontakt zu öffentlichen und privaten Institutionen aufzunehmen, die ihnen helfen könnten. 1968 wurden Richtlinien für Kuratoren ausgegeben, da die Wichtigkeit ihrer Arbeit erkannt worden war und man große Unterschiede in der Arbeitsweise der einzelnen Berater festgestellt hatte. Die offizielle Anerkennung des Status des Kurators erfolgte 1971, als man ihn zum Schulberater im Kurator-System machte.

Bis heute gibt es keine vorgeschriebene Ausbildung für Kuratoren. Viele absolvieren nach der Ausbildung zum Lehrer und ersten Unterrichtserfahrungen zusätzliche Kurse in Beratung oder Sonderpädagogik. Das Bildungsministerium hält jedes Jahr ein zweitägiges Seminar für neue Kuratoren ab sowie eine Tagung zur Diskussion über ihre Arbeit. Zur Unterstützung der Arbeit der Kuratoren wurde der Nationale Kuratorenverband gegründet, der alle zwei Jahre eine Tagung abhält; daneben sind die Kuratoren auch Mitglieder der Lehrergewerkschaft. Für das Schuljahr 1988/89 hat man die Einrichtung eines Fortbildungskurses beschlossen, der für 24 Teilnehmer angeboten werden soll und zweimal eine Woche (über das Schuljahr verteilt) dauern wird.

Besuche und Gespräche

Für die vorliegende Untersuchung wurden Gespräche mit Jugendlichen, Eltern, Sozialarbeitern und anderen Mitarbeitern und Betreuern an Schulen und Werkstätten geführt.

Unter anderem wurden folgende Einrichtungen besucht: Volksschulen, ein Internat für Erwachsene, eine Behindertenwerkstatt, ein Rehabilitationszentrum und eine Produktionsschule (eine Schule, die theoretisches und praktisches Lernen verbindet). Sie alle spielen bei Übergangsmaßnahmen eine Rolle.

Schlußbemerkungen

Die Arbeit der Kuratoren in den Schulen kann Spannungen hervorrufen. Nach einer kürzlich durchgeführten Untersuchung glauben manche Klassenlehrer, daß der Kurator in Konkurrenz zur traditionellen Rolle des Klassenlehrers tritt. (In Dänemark hat ein Kind häufig während der ganzen Schulzeit den gleichen Klassenlehrer.) Umgekehrt äußerten einige Kuratoren, daß manche Klassenlehrer ein unzureichendes Verständnis für die Probleme von Sonderschülern hätten.

Viele Entscheidungen für die Zeit nach Beendigung der Schule werden bei Jugendlichen mit Behinderungen von den Sozialämtern getroffen. Eltern hatten häufig den Eindruck, daß Sozialarbeiter zu viele Familien zu betreuen hatten und deswegen nach billigen Lösungen suchten. Manche Eltern glaubten, daß sie oft für die Rechte ihrer Kinder kämpfen mußten.

Ein wichtiges Element bei der Vorbereitung des Übergangs ist der Bericht, den der Kurator in der 9. oder 10. Klasse für die Sozialämter erstellt. Dieser Bericht hilft den Sozialarbeitern dabei, Vorsorge für die Zeit nach dem Schulabschluß zu treffen und für finanzielle Unterstützung zu sorgen.

Interviews mit Jugendlichen illustrieren die Bandbreite der von den Kuratoren geleisteten Hilfe. Sie schätzen diese Hilfe hoch ein. Die Eltern schätzen den informellen Charakter des Systems, wobei manche mit dem Beitrag des Kurators zufrieden sind, andere aber glauben, unzureichend in den Entscheidungsprozeß eingebunden zu sein.

Dem Bildungsministerium liegt ein unabhängiges Gutachten vor, in dem 1987 das gesamte Beratungssystem untersucht wurde. Die Ergebnisse werden nun der Öffentlichkeit zugänglich gemacht und diskutiert. Sie werden sich auf die zukünftige Arbeit der Kuratoren auswirken. Das Kurator-System findet große Unterstützung beim Bildungsministerium, das den Tätigkeitsbereich der Kuratoren auf alle Sonderschüler ausdehnen möchte.

Es gibt Pläne, die Zahl der Kuratoren zu verdoppeln, doch erlaubt es die angespannte finanzielle Lage kleineren Gemeinden nicht, zusätzliche Kuratoren einzustellen. Ein Paket von Hilfsmaßnahmen für lernbehinderte Schüler wird zur Zeit im Bildungsministerium ausgearbeitet.

Eje Hultkvist

DIE VERBINDUNGSPERSON IN SCHWEDEN

Einführung

Im Rahmen des OECD/CERI-Übergangsprojektes wurde in einem schwedischen Situationsbericht aus dem Jahre 1984 die als Modellversuch eingerichtete Stelle der Verbindungsperson beschrieben. Es war eine der Initiativen zur Erleichterung des Übergangs, die etwas ausführlicher im Seminar über das Fallmanagement untersucht wurden. Der vorliegende Bericht stellt zunächst die Probleme dar und zeigt anschließend, wie die Einrichtung der Stelle der Verbindungsperson zu deren Lösung beigetragen hat.

In der Oberstufe der neunjährigen Grundschule müssen die Jugendlichen eine Ausbildung für den zukünftigen Beruf wählen. Für manche ist dies eine leicht zu bewältigende, für die meisten jedoch eine mit Schwierigkeiten behaftete Aufgabe – Schwierigkeiten, die das Leben auch interessant machen und zu neuen Anstrengungen anspornen können. Manche Schwierigkeiten sind jedoch unmöglich zu überwinden. Zulassungsvoraussetzungen im Bildungssystem können bedeuten, daß die gewählte Ausbildung nicht verwirklicht werden kann. Darüber hinaus kann die ungewisse Situation auf dem Arbeitsmarkt die Berufswahl sehr schwierig machen.

Viele Jugendliche müssen ihre Pläne ändern, wenn die sicher geglaubten Zusagen zurückgenommen oder abgeändert werden. Zudem trifft das geringe Angebot an Arbeitsplätzen die Jugendlichen besonders schwer.

Für Jugendliche mit körperlichen Behinderungen gestalten sich Schul- und Berufswahl schwieriger als für andere Jugendliche. Das Angebot an Arbeitsplätzen ist für sie noch geringer.

Arbeitsplatz und Wohnort sind eng miteinander verknüpft. Viele Jugendliche mit körperlichen Behinderungen müssen ihren Wohnort wechseln, um einen Arbeitsplatz zu finden. Die Möglichkeit, eine eigene Wohnung nehmen zu können, hängt für viele davon ab, ob zu den verschiedensten Tageszeiten eine Betreuung verfügbar ist.

Jugendliche mit körperlichen Behinderungen sind also mit weit schwierigeren Problemen konfrontiert, wenn sie ihre Zukunftspläne in die Tat umsetzen wollen. Diese Schwierigkeiten sind allen bekannt, die mit diesen Jugendlichen arbeiten, und vor allem natürlich den Jugendlichen selbst und ihren Eltern.

Die Gesellschaft unternimmt seit geraumer Zeit erhebliche Anstrengungen, um die Situation von Menschen mit körperlichen Behinderungen zu erleichtern. Trotz dieser Anstrengungen gibt es nach wie vor große Unterschiede im Lebensstandard zwischen Menschen mit körperlichen Behinderungen und der Gesamtbevölkerung.

In den letzten Jahren haben die Schulen verstärkt Möglichkeiten geschaffen, Schüler mit Behinderungen verschiedener Art auf der Grundlage der Integration aufzunehmen. Zweifellos haben die neu eingeführten regionalen Schulberater den einzelnen Schulen und ihren Mitarbeitern mit Rat und Tat sehr geholfen, Schul- und Arbeitsprobleme verschiedener Art zu lösen. Doch mangelt es weiterhin an einer tiefer gehenden Berufsberatung und einer engeren Zusammenarbeit zwischen den Schulen und den Rehabilitationsmitarbeitern sowie den Schülern und ihren Familien.

Informationen über die Schule

Die Jugendlichen, mit denen wir in der Anfangszeit unserer Untersuchung sprachen, forderten eine Berufsberatung, die mehr Rücksicht auf ihre Situation als Behinderte nimmt. Sie hätten gerne bessere Informationen über Bildungsmöglichkeiten gehabt, die ihnen an den auf die neunjährige Grundschule aufbauenden Gymnasialschulen und anderen Einrichtungen offen stehen könnten. Die Jugendlichen hatten den Eindruck, daß es den Beratungslehrern und Mitarbeitern der Bildungs- und Berufsberatung (*Studie- och yrkesorientering* − SYO) noch an Erfahrung im Umgang mit den Problemen behinderter Jugendlicher fehlte und sie deswegen bei ihnen nur unzureichende Unterstützung fanden. Die Jugendlichen wünschten sich mehr Informationen über Bildungsgänge, die ihrer Situation als Behinderte entsprechend ausgerichtet und modifiziert werden könnten.

Nur eine kleine Anzahl behinderter Jugendlicher wählt heute die beruflichen Zweige der Gymnasialschule. Viele äußerten jedoch, daß auch sie diesen Bildungsweg gewählt hätten, wenn er ihren Bedürfnissen besser angepaßt gewesen wäre.

Die meisten behinderten Jugendlichen haben geringere Aussichten auf eine Ausbildung am Arbeitsplatz als ihre nichtbehinderten Mitschüler, was wiederum bedeutet, daß sie weniger Möglichkeiten haben, Berufserfahrung zu gewinnen. Um ihre Chancen in dieser Hinsicht zu verbessern, muß man ihnen dabei helfen, die Möglichkeiten, die ihnen die praktische Berufsorientierung (*Praktisk yrkesorientering* − PRYO) bieten kann, zu nutzen. Bei sorgsamer Planung können eine Kombination von PRYO und praktischer Arbeitsorientierung (*Praktisk arbetsorientering* −

PRAO) sowie eine Verlängerung der PRYO oder darauf abgestimmter Unterricht eine große Hilfe sein. Manche Schüler benötigen zusätzliche Erfahrungen in einem bestimmten Arbeitsbereich, um sich an den langen Prozeß der Berufsausbildung zu wagen.

Beim Wechsel auf die Gymnasialschule brauchen behinderte Jugendliche Hilfe, um sich über ihre Arbeitssituation und die benötigte Unterstützung klarzuwerden. Die Arbeitsweise der Gymnasialschule unterscheidet sich wesentlich von der der Grundschule, und darauf muß sich der Schüler vorbereiten. Darüber hinaus muß man behinderten Jugendlichen in ihrer Schulzeit helfen, praktisch anwendbare Arbeitsmethoden für ihre spätere Beschäftigung oder Ausbildung zu entwickeln.

Dies alles bedeutet, daß sich die in der Gymnasialschule benötigte Hilfe oft von der in der Grundschule benötigten unterscheidet. Deswegen erhielten manche Teilnehmer des Modellversuchs die Gelegenheit zu einer Probewoche an dem von ihnen angestrebten Zweig einer Gymnasialschule, um sich ein realistischeres Bild von der Arbeitsweise der Gymnasialschule machen zu können.

Bis jetzt erhielten die Schüler den Zulassungsbescheid für die Gymnasialschule immer erst im Spätfrühling und hatten daher wenig Zeit für praktische Vorbereitungen. Natürlich müssen die Vorbereitungen, die im Zusammenhang mit dem Schulwechsel stehen, abgeschlossen sein, bevor der Wechsel selbst stattfindet: der Schüler muß Zugang zum Schulgebäude haben können, technische Hilfsmittel müssen im voraus angebracht werden, für den Schüler muß ein Betreuer angestellt werden und so weiter. Für Schüler, die keine PRYO-Phase an der Gymnasialschule verbringen konnten, wurde stattdessen ein zusätzlicher Ganztagesbesuch organisiert. Dadurch bekam jeder Schüler die Möglichkeit, die Örtlichkeiten zusammen mit den Gymnasiallehrern zu besuchen und mit ihnen den Stundenplan und praktische Dinge zu besprechen. In vielen Fällen nahm daran auch der Rehabilitationsberater teil, um bei der Suche nach Lösungen helfen zu können.

Wohnung und Arbeit

Die meisten behinderten Jugendlichen leben, solange sie zur Schule gehen, bei ihren Eltern. Für viele ist es schwierig, nach dem Schulabschluß den Wunsch nach einer eigenen Wohnung zu verwirklichen. In den Fällen, in denen das möglich war, mußten die Jugendlichen oft ihren Wohnort wechseln und von einer kleinen Gemeinde in eine Stadt oder sogar eine Großstadt umziehen. Für viele war es unmöglich, Wohnung und Arbeitsplatz am gleichen Ort zu finden. An diesen Schwierigkeiten ist häufig der Mangel an Koordination zwischen den verschiedenen Mitarbeitern und Betreuern schuld. Ein zweites wichtiges Problem ist der Mangel an behindertengerechten Wohnungen.

Wohnung und selbständige Lebensführung

Wohnung und Zugang zu Betreuungsdiensten hängen eng zusammen. Behinderte Jugendliche brauchen eine Betreuung, die auf ihr Bedürfnis nach Kontakt und Gemeinschaft abgestimmt ist, das heißt eine Betreuung, die zu den Zeiten verfügbar ist, zu denen Jugendliche gewöhnlich zusammenkommen. Manche Jugendliche brauchen auch eine Betreuung rund um die Uhr, wenn sie in der Lage sein sollen, ihr Ziel einer selbständigen Lebensführung zu verwirklichen.

Eine solche Betreuung kann für Jugendliche, die einen Platz in Heimen bekommen haben, bereitgestellt werden, ist aber für Jugendliche in anderen Wohnformen schwierig zu realisieren. Nachtbetreuung kann für Jugendliche, die in ihrer eigenen Wohnung oder noch bei ihren Eltern leben, nur selten organisiert werden.

Gegenwärtig wird die Betreuung der behinderten Jugendlichen überwiegend von ihren Familien geleistet. Nur in Ausnahmefällen stellen kommunale Behörden Haushaltshilfen für Jugendliche, die bei ihren Eltern leben, zur Verfügung. Mit der Einrichtung von Betreuungsdiensten hat der Staat die Aufgabe der Betreuung junger Menschen, die wegen des Besuchs einer Heimvolkshochschule oder Universität nicht bei ihren Eltern wohnen, übernommen.

Eine Wohnung und die Verfügbarkeit von Betreuungsdiensten sind unabdingbar, damit Jugendliche mit starken körperlichen Behinderungen selbständig leben können. Wenn das Wohnungsproblem nicht zufriedenstellend gelöst ist, besteht wenig Hoffnung auf einen Arbeitsplatz und eine sinnvoll verbrachte Freizeit.

Der Betreuungsbedarf darf nicht übersehen werden, wenn man Jugendlichen in ihrer Schulzeit bei der Zukunftsplanung hilft. Für die Jugendlichen selbst ist es wichtig herauszufinden, welche Unterstützung sie benötigen und wie sie sie bekommen möchten.

Seit einigen Jahren sind Arbeitsplätze für alle Jugendlichen knapp. Für Jugendliche mit Behinderungen verschiedener Art war die Beschäftigungssituation schon immer schwierig. Ein verstärktes Angebot an Arbeitsplätzen führt nicht unbedingt zu einer Verbesserung der Chancen von behinderten Jugendlichen. Diese Jugendlichen brauchen daher bei ihren Bemühungen, einen Arbeitsplatz zu finden, besondere Hilfe und Unterstützung. Diese Unterstützung muß früh einsetzen; praktische Wege der Zusammenarbeit zwischen der Schule und den verschiedenen Abteilungen des Arbeitsamtes müssen gefunden werden, solange die Schüler noch die höheren Klassen der Grundschule besuchen. Dies geschieht zur Zeit sehr selten. Viele Jugendliche erleben daher lange Wartezeiten zwischen dem Ende der Schulzeit und der ersten Anstellung. Viele von ihnen bestätigten, daß diese Zeit ihr Selbstwertgefühl stark erschüttert und ihr Gefühl, behindert und ausgeschlossen zu sein, verstärkt habe.

Es ist daher wichtig, daß die Jugendlichen alle Möglichkeiten, eine Arbeit zu finden, ausschöpfen. Das Arbeitsplatzangebot für behinderte Jugendliche ist heute sehr begrenzt. Eine reiche Phantasie ist eine große Hilfe bei der Arbeitsplatzsuche.

Eine verstärkte behindertengerechte Ausstattung von Arbeitsplätzen und mehr Lohnkostenzuschüsse aller Art sollten es einer größeren Zahl von Jugendlichen mit Behinderungen ermöglichen, Hilfe bei der Arbeitsplatzsuche zu erhalten. Über die schon bestehenden Möglichkeiten hinaus sollten neue Mittel und Wege erprobt werden, wie es heute auch schon geschieht.

Freizeit

Freizeitaktivitäten aller Art sind für alle Jugendlichen wichtig, doch sind die Möglichkeiten von Jugendlichen mit körperlichen Behinderungen auch hier leider oft sehr eingeschränkt. Die meisten Tätigkeiten des täglichen Lebens nehmen viel Zeit in Anspruch. So sind etwa Fahrten zur Schule und zurück oftmals mit Wartezeiten verbunden. Viele behinderte Jugendliche sind zudem in verschiedenen Arten von Behandlungen, die in der Freizeit stattfinden müssen, damit ihre schulischen Aktivitäten nicht zu sehr behindert werden.

Auch wenn man von den Auswirkungen dieser Umstände auf die Freizeit absieht, haben behinderte Jugendliche nur begrenzte Möglichkeiten, mit Gleichaltrigen zusammenzukommen. Zwar gaben die meisten der befragten Jugendlichen an, Freunde zu haben, doch ist es für manche von ihnen ein unerreichbarer Traum, Freunde im gleichen Alter zu haben; sie verbringen den größten Teil ihrer Freizeit mit Erwachsenen.

Freunde besuchen nur selten jemanden, der nicht auch selbst in der Lage ist, sie zu besuchen. Wenn ein Jugendlicher durch seine körperliche Behinderung daran gehindert ist, selbständig auszugehen, und er auf die Hilfe von Erwachsenen angewiesen ist, so schränkt dies seinen Kontakt zu Gleichaltrigen ein. In manchen Fällen ist es ein Transportdienst, in anderen sind es die Eltern oder Verwandten, die den Transport übernehmen. Wie auch immer dieses Problem gelöst wird, so bleibt doch spontaner Kontakt zu Freunden unmöglich, solange man von anderen abhängig ist, wenn man etwas unternehmen will.

Ein wichtiger Bestandteil des Modellversuchs war die Frage an die Jugendlichen, inwieweit sie Hilfe oder Unterstützung von außen bräuchten, um mehr aus ihrer Freizeit zu machen. Diese Frage betraf sowohl den Transport als auch die Herstellung von Kontakten, etwa durch den Beitritt zu einem Verein oder die Teilnahme an sonstigen Aktivitäten mit anderen Jugendlichen.

Oft ist *Kooperation* zwischen den einzelnen Behörden notwendig, damit behinderte Jugendliche von den diversen Einrichtungen, die die Gesellschaft für sie geschaffen hat, profitieren können. Zur Zeit bleibt dies oft den einzelnen Jugendlichen und ihren Familien überlassen. Kooperation meint hier die Abstimmung von Maßnahmen innerhalb der jeweiligen Gemeinde, kann sich aber auch auf Maßnahmen an anderen Orten beziehen. Wenn ein Behinderter zur Arbeitsaufnahme an einen anderen Ort umzieht, ist eine geeignete Wohnung erforderlich; Verbindungen zu den benötigten Diensten müssen aufgenommen und geeignete Transportmöglichkeiten geschaffen werden.

Ferner müssen bei einem Umzug auch die Sozialversicherung und häufig die Einrichtungen zur beruflichen Rehabilitation benachrichtigt werden wie auch die Sozialämter in beiden Städten, damit Beihilfen und Unterstützungsmaßnahmen nicht "versiegen". Die Rehabilitationsklinik am neuen Wohnort benötigt eine Überweisung und dergleichen mehr. All dies führt häufig dazu, daß der einzelne Behinderte mit 10 bis 15 verschiedenen Menschen zu tun hat (siehe die Graphik auf der nächsten Seite). Darüber hinaus sind die Kompetenzen innerhalb der jeweiligen Ämter oft auf verschiedene Abteilungen und Mitarbeiter aufgeteilt. Leider ist die Verantwortung für Kooperation und Koordination innerhalb der einzelnen Behörde dabei nicht immer eindeutig festgelegt.

Diese Schwierigkeiten werden von vielen behinderten Jugendlichen und ihren Eltern bestätigt. Viele Fragen, die für den Einzelnen von Bedeutung sind, bleiben wegen der unzureichenden Abstimmung von praktischen Maßnahmen ungelöst.

Die an sich wünschenswerte Koordination der Tätigkeit von verschiedenen Behörden ist sicher kein praktikabler Vorschlag. Wenn man dem Behinderten aber eine Verbindungsperson zur Verfügung stellt, kann man ihn durch die Bürokratie leiten. Aufgrund ihrer Erfahrung in mehreren ähnlich gelagerten Fällen kann die Verbindungsperson Routine sammeln, die es ihr ermöglicht, neue Problemlösungen zu entwickeln. Auf diese Weise können behinderte Jugendliche stärker an den Einrichtungen, die die Gesellschaft für sie geschaffen hat, partizipieren.

Nach Absprache mit den örtlichen Rehabilitationseinrichtungen wurden die Rehabilitationsmitarbeiter als Verbindungspersonen in den Modellversuch einbezogen.

Der Modellversuch

Die etwa 60 teilnehmenden Jugendlichen wurden nach Absprache mit den Rehabilitationsberatern sowie lokalen und regionalen Rehabilitationseinrichtungen ausgewählt. Nach einem ersten Rundbrief wurden die ausgewählten Jugendlichen persönlich angesprochen und erhielten weitere Informationen über den Modellversuch. Anschließend wurden Gespräche mit ihnen und ihren Eltern vereinbart. Da der Modellversuch relativ lange dauern sollte, war es wichtig, daß die Teilnehmer wußten, daß sie den Kontakt zur Projektgruppe abbrechen konnten, wann immer

KONTAKTE, DIE EIN SCHÜLER WAHRNEHMEN MUSS

**NATIONALE
SCHULBEHÖRDE**

SCHULE NATIONALES
Schulleiter ZENTRUM
Lehrer FÜR BILDUNGS-
Betreuer des HILFEN
Schülers SCHULBERATER

**NATIONALE
ARBEITSMARKTBEHÖRDE**

– ARBEITSVERMITTLUNG
– BERUFSBERATUNG
– BERUFLICHE
  REHABILITATION
  Entscheidungen über Beihilfen
  für technische Hilfsmittel

**NATIONALE GESUNDHEITS-
UND SOZIALBEHÖRDE**

REHABILITATIONSKLINIK
Arzt
Sozialarbeiter
Physiotherapeut
Beschäftigungstherapeut
Psychologe
Zentrum für technische
 Hilfsmittel

**NATIONALE GESUNDHEITS-
UND SOZIALBEHÖRDE**

SOZIALAMT
Transportdienste
Haushaltshilfenvermittlung

VERBINDUNGSPERSON zur
Erleichterung der Koordination

**NATIONALE SOZIALVER-
SICHERUNGS-BEHÖRDE**

SOZIALVERSICHERUNG
Rente bei vorübergehender
 Erwerbsunfähigkeit
Wohngeld der Kommunen
Beihilfen für Behinderte
Zahlung von Ausbildungsbeihilfen

**NATIONALE
WOHNUNGSBEHÖRDE**

ÖRTLICHES WOHNUNGSAMT
Behindertengerechte Ausstattung
 von Wohnungen
WOHNUNGSVERMITTLUNG
Wohnungen mit Betreuung

REHABILITATION / SCHULE

Arzt, Sozialarbeiter, Physiotherapeut,
Beschäftigungstherapeut, Lehrer, Psychologe,
Pflegepersonal, Eltern

sie es wünschten. Sie konnten auch jederzeit wieder in den Modellversuch zurück-kehren. Ein wichtiger Bestandteil des Modellversuchs war es, den Jugendlichen deutlich zu machen, daß sie *persönlich für die zu treffende Maßnahme verantwortlich* waren. Daher war es wichtig, daß sie auch selbst über das Ausmaß ihrer Beziehungen zu uns entscheiden sollten.

Wegen dieser Entscheidungsfreiheit beteiligten sich manche Jugendliche, die anfangs mit der Teilnahme zögerten, schließlich doch noch an dem Modellversuch. Die meisten Jugendlichen zogen vor ihrer Entscheidung die Eltern zu Rate.

Der Projektleiter besuchte zusammen mit den örtlichen Verbindungspersonen die Jugendlichen und ihre Eltern zu Hause und führte ein erstes Gespräch mit ihnen. Darin beschrieben die Jugendlichen ihre Schulerfahrungen und ihre Pläne für die weitere Schulbildung oder Beschäftigung. Die Gespräche wurden nach einem einheitlichen Schema geführt und behandelten beispielsweise Fragen zur Schule, zum häuslichen Umfeld, zur Freizeit und zu Präferenzen für die künftige Schulbildung oder Beschäftigung.

Nur wenige der befragten Jugendlichen äußerten, daß sie bei der Planung der PRYO-Phase eingehender beraten worden wären, und nur wenige der 60 teilnehmenden Jugendlichen wußten über das an allen Schulen erhältliche Informationsmaterial über die Planung der Beschäftigung und der Zukunft Bescheid. Sie dachten, daß eine Verlängerung der PRYO-Phase nur bei schulmüden Schülern oder solchen mit langen Fehlzeiten in Frage käme. Keiner der Jugendlichen war gefragt worden, ob er technische Hilfsmittel im Zusammenhang mit seiner geplanten PRYO-Phase bräuchte. Die Jugendlichen, die persönliche Betreuer an ihrer Schule hatten, wußten nicht, ob diese dazu berechtigt und in der Lage waren, sie auch am Praktikumsort zu begleiten.

Nach den Gesprächen mit den Jugendlichen wurde Kontakt zu dem jeweils zuständigen Beratungslehrer oder SYO-Berater aufgenommen. Alle angesprochenen Personen waren zur Zusammenarbeit bereit. Gemeinsame Treffen wurden vereinbart und abgehalten. Dabei waren der Schüler und, soweit möglich, seine Eltern immer anwesend. Die Schulen waren durch Schulsozialarbeiter, die nach Meinung der Beratungslehrer eine wichtige Rolle bei der Planung spielten, vertreten. Die Projektgruppe war durch die Verbindungsperson und den Projektleiter vertreten. Im Gespräch ging es um die schulische Situation des jeweiligen Schülers und um Aspekte der weiteren Schulbildung und Beschäftigung. Vorschläge und Lösungen wurden gemeinsam von allen Teilnehmern ausgearbeitet.

Alle genannten Kontakte wurden in Telefongesprächen mit der Schule und dem Schüler vertieft. In manchen Fällen nahm auch der Schulberater an den Gesprächen teil, was insbesondere in der Anfangsphase der Planung von Vorteil war. Sein Wissen und seine Erfahrung waren in mehreren Fällen bei der Frage, ob besondere Lösungen verfügbar waren, nützlich.

Im weiteren Verlauf des Jahres blieben die Verbindungspersonen zur Besprechung und Klärung aktueller Fragen in ständigem Kontakt mit der Schule und den Schülern. In manchen Fällen ging die Initiative zu Nachbesprechungen von der Schule zusammen mit der Projektgruppe aus, in anderen Fällen von den Eltern oder der Verbindungsperson.

Fast alle Eltern und Jugendlichen, mit denen wir im Laufe der Arbeit im Modellversuch zusammengekommen waren, äußerten, daß Jugendliche mit körperlichen Behinderungen beim Übergang von der Schule in das Erwerbsleben mit größeren Schwierigkeiten konfrontiert sind.

Viele der Jugendlichen selbst äußerten sich besorgt über das Risiko, nach Abschluß ihrer Ausbildung keinen Arbeitsplatz zu bekommen. Zu einer Zeit, da Arbeitsplätze für alle Jugendlichen rar sind, ist das Gefühl, daß die Beschäftigungsaussichten für Behinderte äußerst gering sind, weit verbreitet.

Die weitaus meisten Eltern hatten den Eindruck, daß die Arbeit in dem Verbindungsperson-Modellversuch den Jugendlichen geholfen hatte.

Im Laufe des Modellversuchs entschieden sich nur zwei Jugendliche, den Kontakt zur Projektgruppe abzubrechen, weil sie den Eindruck hatten, selbst nur so geringfügig behindert zu sein, daß sie vorläufig keine besondere Hilfe bräuchten. Die meisten anderen Jugendlichen erklärten spontan, daß der Kontakt zur Projektgruppe ihnen bei der Planung des eigenen Bildungs- und Berufsweges viel bedeutet hätte.

Die meisten der beteiligten Jugendlichen hatten mehr oder weniger regelmäßig Kontakt zu Rehabilitationseinrichtungen. Viele von ihnen hatten auch mit anderen Fachleuten zu tun, und viele erhielten eine regelmäßige Physiotherapie.

Das Verfahren der Überweisung in Rehabilitationskliniken oder Langzeitpflegeeinrichtungen kann in den einzelnen Krankenhausverwaltungsbezirken etwas unterschiedlich sein. In allen Fällen aber verlieren die Rehabilitationseinrichtungen den Kontakt zu den Jugendlichen, wenn diese etwa 18 bis 20 Jahre alt sind.

Während der gesamten Dauer des Modellversuchs wurde der Kontakt zu den regionalen Rehabilitationsberatern aufrechterhalten. Die Art der Zusammenarbeit war in den drei Versuchsgebieten unterschiedlich. In der Grafschaft Halland nahm der Rehabilitationsberater an allen Schulbesuchen teil, was von großem Nutzen für den Modellversuch war. In den anderen Gebieten organisierte der Rehabilitationsberater spezielle Fortbildungstage für Lehrer, in deren Klassen körperbehinderte Schüler aufgenommen werden sollten. Die Mitarbeiter des Modellversuchs und der Rehabilitationseinrichtung waren dabei unterstützend tätig. Im weiteren Verlauf des Modellversuchs wurden ständig Berichte zwischen den Rehabilitationsberatern und der Projektgruppe ausgetauscht.

Die Zusammenarbeit zwischen den Schulen und der Projektgruppe verlief reibungslos. Wenigstens einmal fanden Beratungen mit allen in den Modellversuch einbezogenen Schülern statt. Die Durchführung dieser Beratungen richtete sich nach den örtlichen Gepflogenheiten der Schulsozialarbeit. Zum Teil nahm das ganze Schulsozialarbeiter-Team teil, zum Teil nur der SYO-Berater und, gegebenenfalls, der Klassenlehrer. Die Schüler bevorzugten die zweite Variante. Es war für sie leichter, ihre Meinung vor einer kleineren Gruppe zu äußern. Auch wenn ein Schüler mit jedem Mitglied des Teams gut auskommt, kann es etwas entmutigend sein, allein zehn Erwachsenen gegenüberzustehen.

Die Erfahrungen aus dem Modellversuch haben deutlich gezeigt, daß die Planung für die betroffenen Jugendlichen in jedem Fall viel Zeit in Anspruch nimmt. SYO-Berater und Beratungslehrer mußten diesen Schülern viel mehr Zeit widmen als anderen. Die Organisation der PRYO/PRAO erfordert sowohl die Kenntnis der Möglichkeiten und Grenzen der betroffenen Jugendlichen als auch die Zeit, die man zur Planung der PRYO braucht, damit sie für den Einzelnen reibungslos ablaufen kann.

Im Gespräch mit dem Schulsozialarbeiter-Team äußerte eine große Zahl der teilnehmenden Jugendlichen den Wunsch nach einer Verlängerung der PRYO. In den meisten Fällen konnte dieser Wunsch verwirklicht werden. Im Verlauf des Modellversuchs wurde mehr und mehr deutlich, daß die Phase der PRYO/PRAO für die betreuten Jugendlichen von größter Bedeutung war. Nur wenige von ihnen wären sonst in der Lage gewesen, Arbeitserfahrung zu erwerben.

Die Planung für den Übergang von der Grund- zur Gymnasialschule erfordert viel Zeit und zusätzlichen Aufwand. Ein gewisser Zeitspielraum war notwendig, um Gelder für Anpassungsmaßnahmen zu beschaffen und den Erwerb von technischen Hilfsmitteln bewilligt zu bekommen. Deswegen waren wir bemüht, die Vorbereitung des Gymnasialschulbesuchs für die Jugendlichen unseres Modellversuchs etwa ein Vierteljahr früher als bei anderen Jugendlichen anlaufen zu lassen.

In vielen Fällen fanden informelle Gespräche zwischen der von den Schülern besuchten Schule und der Zulassungsstelle sowie der künftigen Schule statt, um den Schulwechsel zu erleichtern. Im Falle von Schülern, deren Behinderung zusätzliche Maßnahmen erforderlich machte, wurde oft eine "PRYO-Woche" an der aufnehmenden Schule organisiert, um dem Schüler und seinen zukünftigen Lehrern die Gelegenheit zur Klärung wichtiger Fragen zu geben.

Resümee

Im Verlauf des Modellversuchs ist uns keine organisierte Zusammenarbeit zwischen Schulen und Einrichtungen zur beruflichen Rehabilitation im Bereich der behinderten Jugendlichen begegnet. Aller Wahrscheinlichkeit nach werden etliche Jugendliche auch weiterhin auf Einrichtungen der beruflichen Rehabilitation angewiesen sein.

Nach der Projektbeschreibung sollten die Aktivitäten des Modellversuchs Jugendliche mit körperlichen Behinderungen besser auf eine selbständige Lebensführung sowie auf Beruf und Beschäftigung vorbereiten. Die Verbindungsperson sollte zusammen mit den zuständigen Stellen die dazu erforderlichen Schritte unternehmen und den Lehrern und anderen Beteiligten dabei helfen, Problemlösungen für die Integration körperbehinderter Schüler zu entwickeln.

Das Echo, das wir von den Jugendlichen und ihren Eltern bekamen, zeigt deutlich, daß eine Verbindungsperson notwendig ist. Die aus der Zusammenarbeit mit Schulen und Einrichtungen der beruflichen und sonstigen Rehabilitation gewonnenen Erfahrungen hat gezeigt, daß das in diesem Modellversuch erprobte Modell der Zusammenarbeit in die Praxis umsetzbar ist.

Der Modellversuch ist nun zu Ende gegangen. In den Gemeinden, in denen er weitergeführt wird, ist die Verbindungsperson zu einer ständigen Einrichtung geworden. Zwar ist ihre Arbeit nun etwas anders organisiert, doch sind die Arbeitsweise und das Konzept identisch mit denen des Modellversuchs. Die Verbindungsperson arbeitet nun auch mit Beschäftigungs- und Physiotherapeuten zusammen.

Thibault Lambert

BEGLEITENDE DIENSTE IN FRANKREICH: REHABILITATIONS-NACHSORGEEINRICHTUNGEN

Einführung

Das OECD/CERI-Übergangsprojekt hat deutlich gemacht, daß Koordinations- und Organisationsaspekte von besonderer Bedeutung sind. Wie macht man die Jugendlichen und ihre Familien mit den Leistungen und Maßnahmen verschiedener staatlicher Ämter und privater Einrichtungen vertraut und schnürt daraus ein homogenes Hilfspaket, das den Weg zu einer Berufsausbildung und zu einer selbständigen Lebensführung ebnen kann?

In Frankreich stellt die in jedem Departement bestehende Technische Kommission für Berufsberatung und Berufliche Rehabilitation (*Commission technique d'orientation et de reclassement professionnel* – COTOREP) ein interessantes Modell dar. Eine der Einrichtungen, die diesen Kommissionen unterstehen, ist die Arbeitsgruppe zur Vorbereitung und Nachsorge der Rehabilitation (*Equipe de préparation et de suivi du reclassement* – EPSR). Der vorliegende Aufsatz behandelt die Nachsorgeeinrichtungen mit besonderer Berücksichtigung der Arbeit der EPSR.

Übergang

Die Zeit des Übergangs von der Schule zur Berufsausbildung und zur Arbeitsaufnahme ist eine heikle Phase, insbesondere für Jugendliche, die behindert sind. Die Maßnahmen vieler Stellen müssen von Personen oder Gruppen, die die Jugendlichen und ihre Familien während des Berufsübergangs begleiten, enger aufeinander abgestimmt werden. Diese Betreuung sollte nicht auf Berufsausbildung und Beschäftigung begrenzt bleiben, sondern auch Möglichkeiten zur sozialen Interaktion erschließen, die letztendlich in wirkliche Integration münden.

Der französische Kontext

Im Jahre 1975 wurden zwei Kommissionen auf Departementsebene eingesetzt, die für die Organisation und Koordination von Leistungen und Einrichtungen für Kinder, Jugendliche und Erwachsene, die als behindert angesehen werden, zuständig sind.

Die Kommission für Sonderschulwesen *(Commission d'éducation spéciale* – CDES) ist für die Planung von Leistungen für Behinderte zuständig. Unter Berücksichtigung der ermittelten Erfordernisse von Sonderschülern trifft oder billigt die Kommission Bildungs- und andere Maßnahmen, die diesen Erfordernissen gerecht werden. Die Kommission ist für alle Maßnahmen, die Sonderschüler bis zum Alter von 20 Jahren betreffen, zuständig. Sie überträgt ihre Befugnisse zwei Unterkommissionen, einer für den Vorschul- und Primarbereich und einer für den Sekundarbereich.

Die zweite Kommission ist die Technische Kommission für Berufsberatung und Berufliche Rehabilitation (*Commission technique d'orientation et de reclassement professionnel* – COTOREP). Sie ist für Behinderte über 20 Jahre zuständig und entwickelt Programme, beispielsweise für die Beschäftigung, die Arbeit in einer Behindertenwerkstatt, Arbeitsalternativen und andere Einrichtungen und Dienste. Die Kommission entscheidet auch über die Erwerbsunfähigkeit und die Höhe der Rente. Sie hat großen Einfluß auf die künftige Lebensentwicklung von Jugendlichen mit schweren Behinderungen.

Zwei Dinge sollte man bedenken. Erstens wird ein Großteil der Betreuung, auch in den Bereichen Bildung und Ausbildung, von freien Verbänden und Einrichtungen, die vom staatlichen Sozialversicherungssystem subventioniert werden, durchgeführt. Zweitens kann in der Praxis eine Lücke zwischen den Tätigkeitsbereichen der beiden Kommissionen auftreten, wenn Sonderschüler mit 16 Jahren die Pflichtschule verlassen und keine Form von weiterführender Bildung oder keine Ausbildung antreten.

Nachsorgeeinrichtungen

Im Umfeld der beiden Kommissionen spielen drei Einrichtungen in verschiedener Hinsicht eine Beraterrolle. Die Kriterien, durch die sie sich unterscheiden, sind:

- ob sie auf die Beschäftigung, auf die soziale Integration oder auf beide Aspekte spezialisiert sind,
- ob sie einer bestehenden Institution angeschlossen sind oder nicht. Einige Einrichtungen für Menschen, die behindert sind, haben eigene Nachsorgedienste. Andere Einrichtungen sind eigens für die Nachsorge geschaffen worden,

— die Altersgruppe, die sie betreuen. Einige Einrichtungen helfen Menschen jeden Alters, andere konzentrieren sich auf die Belange von Heranwachsenden,
— die rechtliche Position der betreuenden Einrichtung. Nicht alle Einrichtungen unterliegen einer gesetzlichen Regelung. Einige haben keinen offiziellen Status und werden aus dem allgemeinen Etat anderer Institutionen finanziert. Nur eine Einrichtung, die EPSR, unterliegt besonderen gesetzlichen Regelungen.

a) Nachsorgeeinrichtungen, die anderen Institutionen angegliedert sind

Diese Einrichtungen haben keinen offiziellen Status und sind in ihrer Tätigkeit auf die drei Jahre, nachdem die Kinder und Jugendlichen eine Institution verlassen haben, beschränkt (Erlaß 56-284 vom März 1956, Anhang 24, Artikel 32). Ihre Maßnahmen sind "anderen Initiativen untergeordnet", erhalten also nicht immer Priorität.

Es gibt verschiedene Arten von Institutionen mit solchen Nachsorgeeinrichtungen; dabei muß man zwischen den Arten von Behinderungen unterscheiden. Medizinisch-berufliche Institute (*Instituts médico-professionnels* — IMPRO) zum Beispiel betreuen Jugendliche mit Lernbehinderungen bis zum Alter von 20 Jahren und manchmal darüber hinaus. Einige von ihnen haben eigene Nachsorgeeinrichtungen. Diese Art von Institut ist ein herausragendes Beispiel, da hier im Durchschnitt 38 Prozent der Absolventen an einen normalen Arbeitsplatz vermittelt und dort gefördert werden.

Jugendliche mit Körper- und Sinnesbehinderungen besuchen entweder spezialisierte Rehabilitationszentren für bestimmte Behinderungen oder allgemeine Rehabilitationszentren. Diese Zentren befassen sich nur mit der Arbeitsvermittlung und überlassen die längerfristige Nachsorge und Integration den EPSR.

b) Unabhängige Beratungs- und Fördereinrichtungen

Diese Einrichtungen werden von Behindertenverbänden geschaffen und sollen sich speziell mit der sozialen Integration von Behinderten befassen.

c) EPSR

Diese Einrichtungen gehören zu denen, die für die Altersgruppe der Heranwachsenden geschaffen wurden und unterliegen gesetzlichen Regelungen. Verordnungen, Verfügungen und Rundschreiben aus den Jahren 1975, 1978 und 1979 definieren ihre Rolle und Struktur und regeln ihre Finanzierung. EPSR-Teams sind interdisziplinär, sie fördern Menschen, die behindert sind, und ermöglichen es ihnen, eine stabile soziale und berufliche Lage zu erreichen. Sie sind an jedem Stadium des Integrationsprozesses beteiligt. Sie befassen sich mit Transport, Wohnung, psychologischer Vorbereitung und Rehabilitation.

Dienstleistungen der EPSR

a) Zu den Aufgaben der EPSR-Teams gehören:

- die Versorgung von behinderten Jugendlichen mit Informationen aller Art zu Fragen der Rehabilitation,
- die Verbesserung der beruflichen Kompetenz durch die Vermittlung von Plätzen in Ausbildungsinstitutionen, Behindertenwerkstätten und Betrieben,
- die Berufsberatung und Unterstützung von Behinderten am Arbeitsplatz,
- das Engagement in Handel und Industrie, um Vorgesetzte und Mitarbeiter über das Potential von Behinderten zu informieren und um Stellen für diese zu finden,
- der Dialog mit Mitarbeitern anderer Stellen über geeignete Lösungen und Programme.

b)   Struktur der EPSR-Dienste

Es gibt zwei Arten von EPSR-Einrichtungen: solche mit öffentlich-rechtlichem Status und solche mit privatrechtlichem Status. Öffentlich-rechtliche Einrichtungen haben mindestens zwei Mitarbeiter: einen Arbeitsvermittler und einen Sozialarbeiter. In manchen Fällen haben sie auch einen Mitarbeiter für Sekretariats- und Öffentlichkeitsarbeit und eine Empfangssekretärin. Private Einrichtungen bestehen oft aus vier bis fünf Mitarbeitern mit ähnlichen Aufgaben.

Die Einrichtungen können einen Psychologen, einen Logopäden oder andere Therapeuten, die auf Stundenbasis (bis hin zum entsprechenden Gehalt eines fest angestellten Mitarbeiters) bezahlt werden, zu Hilfe nehmen.

EPSR-Teams werden vom jeweiligen Direktor für Arbeit und Beschäftigung des Departements *(DDTE)* eingesetzt; öffentlich-rechtliche Einrichtungen werden voll finanziert. Private Einrichtungen erhalten einen Zuschuß von maximal 75% und müssen sich die restlichen Mittel aus anderen öffentlichen und privaten Quellen beschaffen.

c) Statistische Angaben

Von den 73 EPSR-Einrichtungen haben 50 öffentlich-rechtlichen und 23 privaten Status. Sie decken 70 Departements ab, von denen drei sowohl über öffentlich-rechtliche als auch über private Einrichtungen verfügen.

Die Daten von zwölf Einrichtungen zeigen, daß sich die Zahl ihrer Klienten zwischen 1980 und 1985 mehr als verdoppelt hat. Zwei Drittel von ihnen waren Männer; ein Drittel waren Jugendliche zwischen 18 und 25 Jahren. Bei den Behinderungen handelte es sich vor allem um Körper- und Sinnesbehinderungen, etwa ein Drittel waren Geistesbehinderungen und psychische Behinderungen. Ungefähr 10 Prozent der Klienten waren mehrfachbehindert. Das Allgemeinbildungsniveau der Klienten war niedrig, nur ein Drittel verfügte über ein Abschlußzeugnis der Sekundarstufe I.

Knapp die Hälfte der Klienten durchlief eine Rehabilitation; 84% von ihnen erhielten eine Anstellung auf dem freien Arbeitsmarkt, 5% eine Berufsausbildung, 11% wurden in Behindertenwerkstätten aufgenommen. Die anderen Klienten erhielten Berufsberatung, Hilfe bei der Unterkunft, bei Transport oder Freizeitaktivitäten, Familienbeihilfen und andere Arten von Unterstützung.

Tätigkeitsbereiche der EPSR

Man muß berücksichtigen, daß die COTOREP nur dann Behinderte an eine EPSR überweist, wenn eine theoretische Wahrscheinlichkeit besteht, daß diese einen Arbeitsplatz finden. Die wichtigsten Tätigkeitsbereiche der EPSR sind Vorbereitung, Arbeitsvermittlung und Nachsorge. Ein Großteil der Arbeit besteht darin, die berufliche Ausbildung mit den sozialen Aspekten des Berufsübergangs zu verbinden.

a) Vorbereitung

Für jeden Behinderten wird − mit seiner Unterstützung und Zustimmung − ein Programm aufgestellt. Ziel dieses Programms ist die Erlangung von sozialer und beruflicher Selbständigkeit. Die Planung umfaßt eine Reihe von Aktivitäten wie Diskussionen, Informationsaustausch und Zusammenarbeit mit örtlichen Stellen.

Unter den verschiedenen Aspekten der Vorbereitung haben folgende besonderes Gewicht:

− psychologische Vorbereitung mit dem Ziel, dem Behinderten dabei zu helfen, Selbstvertrauen zu gewinnen, psychologische Blockierungen abzubau-

en und nach und nach ein neues Verhältnis zur eigenen Behinderung zu gewinnen,
- soziale Vorbereitung mit dem Ziel, behördliche Angelegenheiten wie Renten- und Beihilfenansprüche zu klären und den Status eines Arbeitssuchenden zu erlangen. Dieser Aspekt soll es Behinderten ermöglichen, finanzielle Mittel, Unterkunft und Hilfe − falls nötig bei der Selbstversorgung − sowie Informationen über ihre Rechte und Bedürfnisse zu erhalten, damit sie einen Arbeitsplatz suchen können,
- berufliche Vorbereitung, die kurze Vorbereitungskurse (15 Tage) für die, die nie zuvor gearbeitet haben, und Kurse in beschützenden Werkstätten, die für die Berufsausbildung behinderter Jugendlicher eingerichtet wurden, umfassen kann. Ferner soll von Maßnahmen, die die Beschäftigung von behinderten Jugendlichen erleichtern, Gebrauch gemacht werden und ihnen geholfen werden, sich selbst darzustellen und Lebensläufe zu schreiben,
- Vorbereitung auf die selbständige Lebensführung: selbständiges Reisen, Orientierung in der Gemeinde, Unabhängigkeit von der Familie und so weiter.

b) Arbeitsvermittlung

Besondere Aufmerksamkeit richten EPSR darauf, Arbeitsplätze in verschiedenen Unternehmen ausfindig zu machen und die Behinderten darauf vorzubereiten. Dies macht es zunächst erforderlich, sich mit den Beschäftigungsbedingungen in der jeweiligen Region vertraut zu machen. Dann tritt man an die Unternehmensleitungen heran und gibt Erläuterungen zu Behinderungen und zum Arbeitspotential von Behinderten. Ferner erteilt man Auskunft zu allen finanziellen und anderen Hilfen, einschließlich der behindertengerechten Ausstattung von Arbeitsplätzen. Schließlich muß ein persönlicher Kontakt hergestellt werden, und die zur Anstellung vorgeschlagenen Behinderten müssen gut vorbereitet werden.

c) Nachsorge

Zwei Aspekte der Nachsorge sind gleichermaßen wichtig:

- Berufliche Nachsorge: Nach der Vermittlung halten die Mitarbeiter der EPSR einen regelmäßigen Kontakt zu Arbeitgebern und Arbeitnehmern aufrecht, um sich um mögliche Schwierigkeiten zu kümmern. Die Garantie, bei auftretenden Schwierigkeiten ständige Nachsorge und Hilfe zu leisten, ist besonders wichtig für den Erhalt des Arbeitsplatzes. Sie kann für eine kurze Zeit von einigen Monaten, in manchen Fällen aber auch für mehrere Jahre erfolgen. Die Nachsorge kann in Form von Telefongesprächen, Besuchen oder anderer Arbeit mit den Klienten erfolgen.

– Soziale Nachsorge: Der Sozialarbeiter des Teams überprüft, ob die unterstützenden Maßnahmen zur selbständigen Lebensführung angemessen sind und funktionieren oder aber verbessert werden müssen.

Resümee

Obwohl die EPSR-Einrichtungen viele Jugendliche betreuen, gibt es für viele andere Jugendliche mit Behinderungen keine systematische Nachsorge in bezug auf Bildung und Ausbildung. Der Beginn einer Koordination zwischen Institutionen und EPSR-Nachsorgeeinrichtungen ist deutlich erkennbar. Doch hängt noch viel davon ab, ob die Einrichtung, aus der ein behinderter Jugendlicher kommt (normalerweise ein Medizinisch-berufliches Institut oder ein Rehabilitationszentrum), Interesse und guten Willen zeigt, den Behinderten an Nachsorgeeinrichtungen zu überweisen, sowie von der Fähigkeit dieser Einrichtungen, insbesondere der EPSR, wirksam tätig zu werden.

Mick Molloy

ENTWICKLUNG VON INDIVIDUELLEN HILFSPLÄNEN FÜR MENSCHEN MIT SCHWEREN BEHINDERUNGEN

Übergang von der Schule zum College am Beispiel von Manchester, Großbritannien

Der vorliegende Bericht befaßt sich mit individuellen Planungshilfen für Jugendliche mit Behinderungen. Am Anfang stehen eine kurze Beschreibung der Stadt Manchester und einige Hintergrundinformationen über die Politik im Bereich der Hilfsdienste. Danach wird dargestellt, wie die "Öffentlichkeit" mit Behinderungen umgeht und wie Pädagogen darauf reagieren können. Schließlich werden Rahmenbedingungen für den Übergang von der Schule zum College[1] oder zum Erwachsenenleben besprochen, und ein persönlicher Plan wird vorgestellt, der es einem Jugendlichen ermöglichte, sein örtliches College zu besuchen.

Manchester

Manchester hat etwa 460 000 Einwohner. Das Ausmaß an Benachteiligung und Bedürftigkeit ist hoch; viele Familien leben unterhalb der Armutsgrenze, folgt man modernen Definitionen von Armut. In manchen Teilen der Stadt leben gut 50% der Familien unterhalb dieser Grenze.

1988 betrug die durchschnittliche Arbeitslosenquote in Großbritannien und Nordirland 11,9%, in der Nordwestregion Englands 14% und in der Stadt Manche-

---

1 Anm. des Übers.: Mit College ist in diesem Text das britische *College of Further Education* gemeint. Colleges of Further Education sind zumeist Einrichtungen der Sekundarstufe II in kommunaler Trägerschaft, die berufliche Teil- oder Vollzeitausbildung anbieten. Es gibt unterschiedliche Niveaus, so daß ein College of Further Education entweder einer Berufsschule, einer Berufsfachschule oder einer Fachschule in Deutschland entsprechen kann. An manchen Colleges of Further Education ist auch der Erwerb von allgemeinbildenden Abschlüssen möglich, und manche reichen vom Niveau her in den Fachhochschulbereich hinein.

ster 21,1%. Nach der Statistik sind in einigen Innenstadtbezirken 45% aller Männer arbeitslos. Nur ein kleiner Teil der Jugendlichen, die mit 16 von der Schule abgehen, findet eine feste Stellung. 1987 fanden 13% der Schulabgänger von Regelschulen eine feste Stellung, 28% setzten ihre Ausbildung zumeist an einem College fort. Der Rest nahm für 18 Monate an Ausbildungsprogrammen für Jugendliche (*Youth Training Scheme*) teil oder meldete sich arbeitslos. Von den 316 Schulabgängern von Sonderschulen fanden nur 8 (das sind 2,5%) eine feste Stellung.

All diese Umstände haben Auswirkung darauf, wie die Hilfsdienste aussehen, die von der Stadtverwaltung geleistet werden. Die Nachfrage nach pädagogischen Hilfsdiensten ist infolge der Veränderungen bei der Altersstruktur, der Arbeitslosenquote und den sozialen Umständen angestiegen, während gleichzeitig die Stadt immer weniger Geld zur Verfügung hat. Doch geht diese Erkenntnis nicht so weit, ausreichende finanzielle Mittel zur Bewältigung dieser Probleme zur Verfügung zu stellen.

Pädagogische Maßnahmen für Behinderte über sechzehn Jahre in Manchester

Im März 1987 erhielt der Bildungsausschuß der Stadt Manchester einen Bericht über die Entwicklung der Versorgung von Behinderten, die über sechzehn Jahre alt waren. Der Bericht forderte:

a) zusätzliche Betreuer (in den nächsten fünf Jahren zwei pro Jahr),
b) finanzielle Mittel für Jugendarbeiter, damit behinderte Jugendliche in Jugendzentren integriert werden können,
c) zusätzliche Mittel, damit die etwa 20 Jugendlichen mit schweren geistigen Behinderungen, die jedes Jahr von der Sonderschule abgehen, noch bis zum Alter von 19 und wahrscheinlich auch 21 Jahren weiter zur Schule gehen können, sowie
d) ein systematisches Bauprogramm, um die städtischen Colleges behindertengerechter zu machen.

Diese Aufgaben werden nun in Angriff genommen. Wenn es auch langsam vorangeht, so ist doch deutlich geworden, woran es in diesem Bereich noch mangelt.

Die Stadtverwaltung verfolgt eine Auswahl- und Einstellungspolitik, die nicht nur sicherstellen soll, daß Stellenausschreibungen genau mit den tatsächlich zu erledigenden Aufgaben übereinstimmen, sondern auch daß der Auswahlprozeß möglichst frei von subjektiver Voreingenommenheit abläuft. Dies impliziert auch, daß mehr Menschen aus Minderheitengruppen Stellen in der Stadtverwaltung erhalten sollen. Hierzu existiert auch eine Grundsatzerklärung mit dem Titel "Chancengleichheit im Beruf – eine Grundsatzerklärung".

Grundsatzerklärungen haben allerdings wenig Sinn, wenn die Absichten nicht auch in die Praxis umgesetzt werden. Wichtig ist daher, daß

a) ein gesetzlicher Rahmen geschaffen wird, der festlegt, daß der gemeinsame Unterricht mit Gleichaltrigen in Regelschulen die oberste Priorität für behinderte Jugendliche haben sollte,

b) eine zunehmende Zahl von Kindern und Jugendlichen mit mittelschweren Behinderungen bereits in Regelschulen unterrichtet wird,

c) noch mehr Eltern sich wünschen, daß ihre behinderten Kinder zusammen mit gleichaltrigen Nichtbehinderten unterrichtet werden,

d) Kinder und Jugendliche mit geistigen Behinderungen für einige Zeit zusammen mit gleichaltrigen Nichtbehinderten unterrichtet werden,

e) 20 % der Sonderschüler am Ende der Pflichtschulzeit (mit 16 Jahren) von der Sonderschule abgehen und danach eine Bildungseinrichtung in integrierter Umgebung besuchen,

f) einige behinderte Jugendliche die örtlichen Jugendzentren besuchen,

g) behinderte Erwachsene integrierte Erwacheneneinrichtungen besuchen,

h) Gehörlose dafür plädieren, getrennte Einrichtungen zu erhalten, damit ihre Gebärdensprache nicht verloren geht, und daß Gehörlose zu Lehrern in der Erwachsenenbildung ausgebildet werden möchten,

i) es eine wachsende Minderheit von Behinderten in bezahlter Anstellung bei der örtlichen Bildungsbehörde gibt, und daß

j) gewählte Stadträte den Willen haben, eine stärkere Integration und neue Grundsätze und Strategien, die ein entsprechendes Engagement gewährleisten, zu fördern.

Obwohl die Entwicklungen in diese Richtung nur langsam vorangehen, sagen die meisten behinderten Schüler und Studenten aus, daß sie, wenn sie erst einmal in integrierte Umgebungen gelangt sind, auch dort bleiben wollen. Wenn Integration ein Prozeß und kein Zustand ist, werden sich unsere Bildungseinrichtungen um so stärker entwickeln, je mehr wir lernen, Behinderte in offenen Umgebungen zu fördern.

Was wir oft für selbstverständlich halten, wenn wir an Behinderte denken

Eine geeignete Definition von Behinderung, die für den Zweck dieses Berichts ausreicht, findet sich in einem OECD/CERI-Papier, in dem es heißt:

"Ein spezieller Aspekt der politischen Praxis betrifft den Unterschied zwischen einer Behinderung (disability) und ihrer behindernden Auswirkung (handicap). Dieser Unterschied läßt sich am besten an einem Beispiel darstellen. Ein Jugendlicher mit einer Körper- oder Sinnesbehinderung ist vielleicht nicht in der Lage, eine Maschine in der Industrie so zu bedienen, wie sie für andere Arbeiter konzipiert wurde. Aber die heutige Technik kann es ermöglichen, die Bedienung so anzupassen, daß ein Behinderter die Maschine ebenso effektiv bedienen kann wie ein anderer Arbeiter. Das Unvermögen, diese Anpassungen vorzunehmen, macht die Behinderung zu etwas Behinderndem. Es scheint daher wichtig, in allen Bereichen des Bildungswesens, der Sozialfürsorge und der Beschäftigungspolitik anzuerkennen, daß Verfahren, die nicht auch geeignete Anpassungen der gegebenen Situation einschließen, dazu beitragen, die behindernden Auswirkungen von Behinderungen zu verstärken, und dadurch die Größe der Gruppe, die man als Behinderte bezeichnet, beeinflussen."

Allgemeine Definitionen des Begriffs "Behinderung" sind wegen der vielen verschiedenen Umstände, die man gemeinhin als "behindernd" ansieht, immer unzureichend. Zwischen uns Menschen bestehen zahlreiche Unterschiede, doch werden diese Unterschiede gewöhnlich nicht als persönliche "Defizite" erlebt. Dies geschieht meist nur dann, wenn dem Unterschied von anderen und von der Gesellschaft im allgemeinen ein negativer Wert beigemessen wird. Bedauerlicherweise ist das ein weitverbreitetes Phänomen und nicht nur eins, das ausschließlich Menschen mit sichtbaren Behinderungen betrifft.

Einrichtungen und Dienste des Bildungswesens haben in der Vergangenheit von behinderten Jugendlichen oft verlangt, ihre gewohnten Umgebungen aufzugeben und dorthin zu kommen, wo Hilfen geleistet wurden. Das ist meistens auch heute noch so. Kinder und Jugendliche müssen oft ihr Elternhaus verlassen und auf besondere Internatsschulen gehen, oft in anderen Landesteilen. Viele von uns hegen traditionell sehr niedrige Hoffnungen für diese Schüler und Studenten. Die Hilfsangebote für diesen Personenkreis stützen sich oft auf "besondere" Gebäude auf einem eigenen Gelände, in denen die "besonderen" Bedürfnisse dieser Jugendlichen angeblich gedeckt werden. Die Absonderung Behinderter jeglichen Alters von Nichtbehinderten fordert von den Abgesonderten einen hohen Preis:

a) Manchmal wird vorgebracht, daß "besondere Beurteilungs- und Behandlungseinrichtungen" erforderlich sind. Doch allein die Tatsache, daß ein Jugendlicher seiner gewohnten Umgebung (der "normalen" Umgebung) entrissen wird, nimmt uns jede Möglichkeit, die Interaktion des Jugendlichen mit seiner Umgebung zu analysieren. Künstliche Umgebungen sollten daher soweit als möglich vermieden werden.
b) Wenn eine Absonderung einmal erfolgt ist, verringern sich die Chancen, daß jemand lernt, sich den Lebensgewohnheiten seiner Umwelt anzupassen, erheblich.
c) Absonderung macht es schwierig, jemanden wieder an weniger restriktive Umgebungen zu gewöhnen.
d) Persönliche Beziehungen zur Familie, zu Freunden und zu Nachbarn werden meist durch die Absonderung unterbrochen und können oft nur schwer wieder angeknüpft werden.
e) Absonderung verringert oft die Möglichkeit, angemessenes Verhalten von gleichaltrigen Nichtbehinderten zu lernen.

f) Es besteht die Gefahr, daß unnötiger Gebrauch von Absonderung gemacht wird, da Mitarbeiter in normalen Umgebungen die Fähigkeit oder die Bereitschaft verlernen, Menschen, die für sie eine Herausforderung darstellen, zu helfen, wenn sie wissen, daß Alternativen existieren.

g) Absonderung trägt an sich zu einer Schädigung der Selbstachtung bei.

Warum werden Behinderte als Gruppe abgewertet? Warum streben wir danach, ihre eigenen Zweifel zu verstärken? Diese Fragen sind nicht leicht zu beantworten, aber wie bei der Frage nach der Art und Weise, wie Hilfsangebote konzipiert werden, muß man die Antworten wohl in den verzerrten Bildern suchen, die viele von uns haben, und in der darin zum Ausdruck kommenden Voreingenommenheit, die Behinderte nicht als vollwertige Mitglieder der Gesellschaft gelten läßt.

Positive Auswege

Es ist eine der größten Herausforderungen, Hilfsangebote zu entwickeln, die die individuellen Bedürfnisse der Menschen, der jungen wie der alten, abdecken. Die Art, wie Hilfe geleistet wird, kann die persönliche Freiheit entweder einschränken oder vergrößern. In erster Linie muß man sicherstellen, daß ein Behinderter das richtige Maß an Unterstützung bekommt, um ein Leben innerhalb der Gesellschaft führen zu können. Selten begegnet man einem Hilfsangebot, das zum Ziel hat, die Bedeutung einer Teilnahme am öffentlichen Leben für jeden anzuerkennen, doch wenn ein Dienst nicht bewußt auf ein solches Ziel hinarbeitet, wird er schnell zu einem Ort, zu dem Behinderte kommen und nicht zu einer Einrichtung, die ihnen in ihrem Alltag hilft. Wenn ein separater Hilfsdienst einmal eingerichtet worden ist, kann er, auch wenn er ursprünglich klar umrissene Ziele hatte, schnell eine eigene Logik entwickeln.

Ein wirksames Mittel für eine Verbesserung der Konzeption von Hilfsdiensten ist es, den Hilfeleistenden die Möglichkeit zu geben, sich der Auswirkungen ihrer Tätigkeit auf die Menschen, denen sie helfen, stärker bewußt zu werden. Im einzelnen könnten die Ziele wie folgt lauten:

a) bei den Mitarbeitern das Bewußtsein und das Verständnis für die Bedürfnisse behinderter Schüler zu entwickeln,

b) typische institutionelle Zwänge zu überprüfen und

c) durch das Tutorensystem bei Schülern und Studenten die Entwicklung eines Bewußtseins für Behinderungen zu fördern.

Eine andere Möglichkeit besteht darin, verantwortlichen Mitarbeitern dadurch die Gelegenheit zu einem direkten Engagement für Behinderte zu geben, daß sie ihnen dabei helfen, Routineangelegenheiten in ihrer Gemeinde zu erledigen.

Die Planung von persönlichen Hilfeleistungen kann den Beteiligten auf dreierlei Weise zugute kommen:

a) Behinderte haben bessere Aussichten, das zu bekommen, was sie brauchen, wenn ein gut abgefaßter Bericht sowohl die Form als auch das Ausmaß und die Häufigkeit der verschiedenen benötigten Maßnahmen festlegt,

b) die Helfenden wissen genau, welche Hilfen sie auf welche Art erbringen müssen, und

c) die Zahlenden können genau bestimmen, was sie als Ergebnis von jedem genutzten Hilfsdienst erwarten können.

Bei einem solchen Vorgehen sind die Chancen, zu effektiven und effizienten Hilfen zu gelangen, viel größer, da es einen Mechanismus gibt, mit dem man messen kann, ob die erwartete Hilfe für einen bestimmten Aufwand an Geld und Mühe tatsächlich erbracht wird oder nicht. Wenn der persönlichen Planung nicht eine herausragende Funktion zukommt, werden die Helfer auch in Zukunft so handeln, wie sie es zur Zeit im allgemeinen tun. Die Bedürfnisse eines Behinderten werden dann als das definiert, was ein Helfer anbieten kann, und nicht als das, was jemand braucht, um ein erfülltes Leben zu führen.

Man findet häufig eine Vielfalt von einzelnen Hilfsdiensten für Behinderte vor, ohne daß Vorkehrungen getroffen werden, die gemeinsamen Bemühungen zu beurteilen. Üblicherweise spielt es für den Planenden eine größere Rolle, mit welchen Mitteln "es vorangeht", als wohin es vorangeht. Auch wenn Planungsprozesse und -strukturen wichtig sind, so entscheiden sie doch nicht notwendigerweise über die Richtung, die die Planung einschlägt. Diese wird vielmehr davon bestimmt, welche Prinzipien bei der Abfassung des Planes angewandt wurden. Beispielsweise kann es möglich sein, einen persönlichen Plan für jemanden zu erstellen, durch den seine Teilnahme am öffentlichen Leben eher ausgeschlossen als unterstützt wird. Es ist sehr wichtig, sich über die angewandten Prinzipien im klaren zu sein und mit dem Fortschreiten der Planung beständig sicherzustellen, daß Prinzipien, Prozeß und Ergebnis übereinstimmen. Für jeden sollte zumindest ein Grundanspruch bestehen auf:

a) "Dazugehören" in der Gesellschaft,
b) Gelegenheit, am öffentlichen Leben teilzunehmen,
c) Erfahrungen, an denen die Fähigkeiten wachsen können,
d) Situationen, in denen man Entscheidungen trifft, sowie
e) Anerkennung und gesellschaftliche Stellung.

All dies ist für die Arbeit mit jedem Behinderten, der zusätzliche Unterstützung braucht, notwendig.

Richtlinien für den Übergang von der Schule zum späten Jugendalter

In England und Wales verlangen das Bildungsgesetz (*Education Act*) von 1981 und die Verordnungen über die besonderen pädagogischen Bedürfnisse (*Special Educational Needs Regulations*) von 1983 eine jährliche Überprüfung des für jeden Sonderschüler erstellten "Berichts über die besonderen pädagogischen Bedürfnisse". Die zugrundegelegten Prinzipien sind, obwohl sie nur die Gesetzeslage in England und Wales wiedergeben, allgemein anwendbar. Die jährliche Überprüfung sollte eine von mehreren Maßnahmen sein, bei denen die Schule den Kontakt zu den Eltern sucht, um dabei ein Vertrauensverhältnis aufzubauen und deren Mitwirkung an der Bildung und Erziehung ihrer Kinder zu fördern. Die Einbeziehung der Jugendlichen in den Entscheidungsprozeß ist wichtig, obwohl sie im Bildungsgesetz von 1981 nicht ausdrücklich vorgesehen ist. Wünschenswert ist die Anwesenheit der älteren Jugendlichen bei der Überprüfung. Die Wünsche des Jugendlichen sollen und die seiner Eltern müssen berücksichtigt werden.

Der folgende Ablauf kann als Rahmen für die Berichtsüberprüfungen von Schulabgängern, wie sie gesetzlich geregelt und an vielen Sonderschulen in Großbritannien bewährte Praxis sind, dienen.

a) Erste Phase

Es sollte ein formelles Verfahren geben, das die Beurteilung jedes Schülers, für den in Regel- oder Sonderschulen ein "Bericht über die besonderen pädagogischen Bedürfnisse" angelegt worden ist, vor dem Verlassen der Schule einleitet. Dieses Verfahren sollte in dem Schuljahr einsetzen, in dem der Schüler 14 Jahre alt ist. Nach dem Bildungsgesetz von 1981 hat eine örtliche Bildungsbehörde in England und Wales die gesetzliche Verpflichtung, die vorgeschriebene Beurteilung innerhalb von 12 Monaten ab dem Tag, an dem ein Schüler 13 Jahre und 6 Monate alt ist, durchzuführen.

aa) Die obligatorische Beurteilung muß die Eltern von Anfang an mit einbeziehen und das vollständige Verfahren anwenden, das in Absatz 5 des Bildungsgesetzes von 1981 festgelegt ist. Danach können die Eltern schriftliche Erklärungen einreichen oder mündliche Erklärungen abgeben, die die Behörden schriftlich festhalten müssen. Als Auftakt hierfür ist es sinnvoll, die Eltern anzuschreiben und in die Schule einzuladen, damit sie die der Schule vorliegenden Informationen mit dem Schulleiter besprechen können. Die Eltern sollten die Möglichkeit haben, ihr Kind an dieser Besprechung teilnehmen zu lassen. Bei diesem Treffen

— sollten die Akten des Schülers zur Einsicht vorliegen,
— sollte darauf hingewiesen werden, daß die Informationen von Mitarbeitern aus verschiedenen Bereichen stammen,
— sollten die allgemeinen Alternativen, die der Schüler offensichtlich hat, besprochen werden. Den Eltern sollte eine große Auswahl von relevan-

ten Informationsbroschüren, Berufsmerkblättern, Schulprospekten und Informationen über die örtlichen Beschäftigungsmöglichkeiten übergeben werden. Geeignete Ansprechpartner (wie Berufsberater oder Rektoren von Bildungseinrichtungen für über Sechzehnjährige) sollten den Eltern und dem Schüler genannt werden, damit diese die dargestellten Alternativen weiterverfolgen können, und

– Eltern und Schüler sollten die Gelegenheit bekommen, eigene Vorschläge vorzubringen. Der Schulleiter sollte sich bemühen, gegebenenfalls geeignete Anlaufstellen für weitere Informationen zu benennen.

ab) Gegen Ende des Schuljahrs sollte ein offener Abend für Schüler dieser Altersgruppe und ihre Eltern veranstaltet werden. An diesem Abend sollten sich die Berufsberatung, die Mitarbeiter einer örtlichen Bildungseinrichtung für über Sechzehnjährige sowie die Angehörigen des der Schule angeschlossenen interdisziplinären Teams mit Beiträgen beteiligen. Eltern und Schüler sollten dadurch die Möglichkeit bekommen, ihr Wissen über nachschulische Einrichtungen zu vertiefen.

b) Zweite Phase

In dem Schuljahr, in dem ein Schüler fünfzehn Jahre alt wird, sollte eine Überprüfung des Berichts stattfinden, und zwar gewöhnlich spätestens im Frühjahrtrimester. Dadurch soll der weitere Lebensweg des Schülers mit größerer Sicherheit geplant werden können und genügend Zeit bleiben, um besondere Betreuungsmaßnahmen zu treffen.

ba) Obwohl an der Überprüfung zusätzlich zu den Fachleuten und Betreuern, deren Teilnahme von den Eltern erwünscht wird, alle auch im Vorjahr beteiligten Personen mitwirken können, müssen hier doch Kostenaspekte berücksichtigt werden. Eltern und Schulleiter sollten eine Auswahl treffen; nun kann beispielsweise auch die häusliche Pflegekraft hinzugezogen werden. Sie kann mit einer Aussage darüber, ob ihre Dienste oder die von ihren Kolleginnen und Kollegen aus anderen Stadtteilen notwendig sind, zur Beurteilung und Zukunftsplanung beitragen.

bb) Spezifischere Pläne sollten abgefaßt werden.

bc) Sollte man zu dem Schluß kommen, daß es einen Bedarf an einer gegenwärtig nicht erfolgenden Art von Betreuung gibt, ist dies der Zeitpunkt, an dem eine solche Empfehlung dem obersten Beamten der Bildungsbehörde vorgebracht werden sollte. Auf die wahrscheinliche Empfehlung und die Gründe dafür sollten die örtlichen Colleges aufmerksam gemacht werden, um sicherzustellen, daß jede Gelegenheit, eine geeignete Versorgung des Schülers am Ort zu sichern, wahrgenommen wurde.

c) Dritte Phase

Eine weitere Überprüfung sollte in dem Herbst- oder Frühjahrtrimester des Jahres erfolgen, in dem der Schüler 16 Jahre alt wird. Ziel dieser Überprüfung sollte es sein,

ca) die Fortschritte des Schülers zu beobachten,
cb) die bisherigen Empfehlungen, falls notwendig, zu überarbeiten,
cc) Betriebspraktika, welche die doppelte Funktion eines "Appetitanregers" für den Jugendlichen und einer weiteren Grundlage für die Beurteilung haben können, auszuwerten sowie
cd) endgültige Pläne festzulegen oder Vorschläge für den weiteren schulischen Bildungsweg zu machen.

Ein solcher Rahmen ist wichtig, um sicherzustellen, daß das Planungsverfahren tatsächlich für jeden Schüler stattfindet.

Im Juli 1986 wurde ein weiteres Gesetz, das Behindertengesetz, vom Parlament verabschiedet. Abschnitt 3 dieses Gesetzes soll dabei helfen, die Lücke zu überbrükken, der sich viele behinderte Jugendliche nach dem Schulabschluß gegenübersehen. Er verpflichtet die örtlichen Bildungsbehörden, dem Sozialamt zu einem festgesetzten Zeitpunkt alle Kinder im Alter von 14 Jahren oder darüber zu melden, über die ein "Bericht über die besonderen pädagogischen Bedürfnisse" vorliegt. Die betreffenden Jugendlichen müssen dann neun Monate, bevor sie voraussichtlich von der Schule abgehen, erneut dem Sozialamt gemeldet werden, damit ihre Erfordernisse in bezug auf andere gesetzliche Leistungen festgestellt werden können. Die Leistungen in England und Wales richten sich hauptsächlich nach dem Gesetz für chronisch kranke und behinderte Menschen von 1970. Sie umfassen die Bereiche Freizeit, Fernsehen, Haushaltshilfen, Reiseunterstützung und Ferien. Abschnitt 5 des Behindertengesetzes von 1986 ist soeben in Kraft getreten und wird erstmals die Schüler betreffen, die im Schuljahr 1990/91 ihr 16. Lebensjahr vollenden. Es bleibt abzuwarten, wie wirksam dieses Gesetz sein wird, doch ist die eindeutige Absicht erkennbar, eine engere Zusammenarbeit zwischen den Bildungs- und den Sozialbehörden zu fördern, und das ist zu begrüßen.

Ein persönlicher Hilfsplan für den Übergang von der Schule zum College: Paul

Der allgemeine Aufbau eines Planes ist einfach. Er richtet sich nach dem Schema der schon erwähnten Verordnungen über besondere pädagogische Bedürfnisse von 1983. Er basiert auf dem Modell der Förderung eines normalen Lebens und enthält:

- eine Beschreibung der besonderen Erfordernisse des jeweiligen Jugendlichen,
- die zur Deckung dieser Erfordernisse notwendigen Hilfsmittel und
- einen Hinweis darauf, wie diese Hilfsmittel beschafft werden können.

Der für Paul erstellte Plan entstand zusammen mit Paul und seinen Eltern. Er sollte ihm beim Übergang aus der Absonderung in einer Internatsschule in ein reguläres *College of Further Education* helfen. Der Plan geht auf vier zentrale Fragen ein:

a) Welche besonderen Bedürfnisse hat Paul?
b) Welche schulischen Maßnahmen müssen getroffen werden, um diese Bedürfnisse abzudecken?
c) Welche zusätzlichen außerschulischen Maßnahmen sollten getroffen werden?
d) Wo können seine schulischen Bedürfnisse am besten abgedeckt werden?

Der Plan beruht auf einer wahren Fallstudie. Der oben beschriebene Ablauf wurde eingehalten; da Paul eine Internatsschule im Süden Englands (knapp 500 Kilometer von seinem Heimatort entfernt!) besuchte, wurden die Treffen von der örtlichen Bildungsbehörde in Manchester organisiert. Sie fanden zumeist in Pauls Elternhaus statt, wenn er Ferien hatte, oder in seinem örtlichen College.

Pauls allgemeine Bedürfnisse

Paul befindet sich im letzten Trimester der Pflichtschulzeit und ist 16 Jahre alt. Er besucht eine nicht in Manchester gelegene Schule und hat angedeutet, daß er am liebsten noch bis zum Alter von 19 Jahren zur Schule gehen würde. Nach seinem Wunsch sollte dies das örtliche College sein; soweit wie möglich sollte der Schulbesuch gemeinsam mit Nichtbehinderten erfolgen. Er und seine Eltern beschlossen, daß er zumindest für diese Zeit zu Hause wohnen sollte.

Paul ist ein lebhafter, kontaktfreudiger Mensch, dessen allgemeine Begabungen und Interessen im großen und ganzen mit denen der meisten Jugendlichen seines Alters übereinstimmen. Er leidet an einer Athetose. Infolgedessen sind seine motorischen Funktionen stark beeinträchtigt. Er benutzt einen Rollstuhl und braucht Hilfe, um sich auf den Rollstuhl zu setzen oder davon aufzustehen, sowie beim Fahren damit, wenn es kein elektrischer Rollstuhl ist. Selbst dann fehlt Paul noch die Erfahrung, selbständig größere Entfernungen zurückzulegen. Wahrscheinlich wird er nie in der Lage sein, öffentliche Verkehrsmittel zu benutzen. Er kann in einem Auto fahren, wenn man ihm herein- und heraushilft, aber er kann nicht ungestützt und ohne fremde Hilfe sitzen. Es gibt jedoch keinen Grund, warum er nicht ein Taxi nehmen könnte, sofern ihm dabei geholfen wird.

Seine kommunikativen Bedürfnisse

Paul versteht alles, was man ihm sagt. Aufgrund seiner eingeschränkten Artikulation haben andere jedoch große Schwierigkeiten, ihn zu verstehen. Man muß bereit sein, zuzuhören und nach Anhaltspunkten aus dem Kontext suchen. Paul ist geduldig und tolerant gegenüber anderen. Das hilft sehr, ebenso wie sein Sinn für Humor.

Seine pädagogischen Bedürfnisse

a) Pauls Grundfertigkeiten im Lesen, Schreiben und Rechnen sind, wenn nicht gering, so doch verzögert. Er braucht Übung und Hilfe, um hierin Praxis zu bekommen. Paul hat zwar die kognitive Fähigkeit zu schreiben, doch seine Handbewegungen sind stark eingeschränkt, und er kann nicht im üblichen Sinn des Wortes schreiben. Er braucht daher eine andere Schreibmethode. Er kann maschineschreiben, aber die von ihm benutzte Schreibmaschine, eine IBM "Golfball", läßt es leider nicht zu, daß er selbst das Geschriebene sehen kann. Eine Schreibmaschine mit einem Bildschirm oder Display würde diese Schwierigkeit mildern. Wenn Paul erst einmal das College besucht, sollten die Tutoren mit ihm die Möglichkeiten eines Mikroprozessors als Schreibwerkzeug erkunden.

b) Paul interessiert sich außerdem für Kunst, Französisch, Astronomie und Informatik. Er hat bis jetzt wenig Gelegenheit gehabt, von den Einrichtungen in seiner Gemeinde Gebrauch zu machen, und geäußert, daß er gerne an einem Kurs teilnehmen würde, der ihm dabei hilft.

Die für Pauls Bedürfnisse getroffenen schulischen Maßnahmen

Paul sollte zunächst einen zwölfmonatigen Förderkurs an seinem örtlichen College besuchen. Ziel des für ihn erstellten Plans sollte es sein,

a) seine Teilnahme am öffentlichen Leben seiner Gemeinde auszubauen,
b) ihn Erfahrungen machen zu lassen, die seine Selbständigkeit fördern, und
c) ihn auf die Situation eines regulären Colleges vorzubereiten.

Innerhalb der bestehenden Collegestruktur können Pauls Bedürfnisse mit dem folgenden Paket pädagogischer Maßnahmen abgedeckt werden:

a) Ein Drittel seines Stundenplans verbringt er in der Sondergruppe mit:
   − Lernen, Probleme zu lösen,
   − der Teilnahme an Diskussionsgruppen zum Training der sozialen und Lebenskompetenz und
   − dem Erkunden der örtlichen Einrichtungen.

b) Ein weiteres Drittel seines Stundenplans verbringt er in integrierten Kursen mit:
   - Maschineschreiben,
   - dem Gebrauch von Mikroprozessoren,
   - Kunst,
   - Geographie sowie
   - Englisch und Mathematik in Lese-, Schreib- und Rechenkursen für Erwachsene.
c) Das letzte Drittel seines Stundenplans verbringt er mit seinem Betreuer in folgenden Bereichen:
   - Erkunden von für ihn angemessenen Hilfsmitteln,
   - Nutzen der öffentlichen Einrichtungen der Gemeinde,
   - Übung in Selbständigkeit und persönlicher Organisation.

Außerschulische Maßnahmen für Paul

Paul wird die folgenden, seinen Bedürfnissen angepaßten außerschulischen Maßnahmen benötigen:

a) Betreuung: zunächst einmal die Anstellung eines persönlichen Betreuers für zunächst 12 Monate für
   - integrierte Kurse,
   - öffentliches Leben am Ort,
   - Fachkurse.
   Dieser Betreuer sollte Paul vom örtlichen College gestellt werden. Die Kosten werden vom Bildungsministerium erstattet.
b) Beförderung: Morgens und abends wird Paul die collegeeigenen Beförderungsmittel benutzen können. Zusätzlich wird Paul finanzielle Unterstützung benötigen, um im Laufe des Jahres die weiter entfernteren Einrichtungen der Gemeinde aufsuchen zu können. Dieses Geld wird dem College vom Bildungsministerium zur Verfügung gestellt und wahrscheinlich für Taxifahrten in die entfernteren Stadtteile benötigt.
c) Hilfsmittel für die Verständigung: Die für Paul erforderlichen technischen Hilfen auf diesem Gebiet wurden von Fachärzten des Bezirksgesundheitsamts ermittelt. Paul wird zunächst technische Ausrüstung aus folgenden Quellen benötigen:
   - Bildungsministerium: Ein Brother-Drucker EP 22 und ein photonischer Lesestift werden vom Bildungsministerium angeschafft, bleiben aber im Besitz des Schulausschusses von Manchester, wenn Paul die Schule beendet hat. Diese Ausrüstung ist für den Gebrauch am College bestimmt.
   - Ministerium für Gesundheit und Soziale Sicherheit: Paul wird für den persönlichen Gebrauch zu Hause eine ähnliche Ausrüstung benötigen.

Diese sollte durch seinen Berater am *Booth Hall*-Kinderkrankenhaus angeschafft werden.

d) Physiotherapie: Paul sollte vom Bezirksgesundheitsamt in jedem Trimester eine Kontrolle durch den örtlichen Physiotherapeuten erhalten. Diese sollte:
   - ihn bei seinen Übungen unterstützen,
   - seine Eltern unterstützen, ihm bei den Übungen zu helfen, und
   - als Schulung für seinen persönlichen Betreuer dienen.

e) Materielle und finanzielle Hilfe: Paul wird außerdem Hilfe vom Sozialamt in den folgenden Bereichen brauchen:
   - An seinem Elternhaus werden Umgestaltungen vorgenommen werden müssen, die es ihm mehr und mehr erlauben, selbständig zu leben. Paul hat seit seinem 12. Lebensjahr nicht mehr regelmäßig zu Hause gewohnt.
   - Finanzielle Unterstützung wegen der Veränderung seines Status aufgrund seines Alters, besonders in bezug auf das Verzeichnis der Bedarfsregelungen 4 (*Requirement Regulations Schedule 4*), Absatz 18 (Anspruch auf einen ständigen Betreuer).
   - Hilfen zur Selbständigkeit innerhalb seines Elternhauses sowie Verständigungshilfen, die nicht vom Ministerium für Gesundheit und Soziale Sicherheit gestellt werden können.
   - Die Gewähr, daß ihm auch nach Schulschluß ein persönlicher Betreuer zur Verfügung steht, damit er seine persönlichen Interessen verfolgen kann.

Überprüfungen von Pauls persönlichem Plan

Die erste Überprüfung des Plans sollte nach der ersten Trimesterhälfte stattfinden. Sie sollte feststellen, wie genau das Bild von Pauls Behinderungen ist und wie gut die Leistungen und Hilfen ihnen entsprechen.

Schlußfolgerungen

Die zentrale Aussage dieses Berichts lautet, daß auch Menschen mit sehr schweren Behinderungen inmitten der Gesellschaft leben können, sofern wir genau darauf achten, wie wir die unterstützenden Hilfen leisten, und sicherstellen, daß wir diese die Menschen wirklich unterstützen und nicht absondern. Dies geschieht zumeist dann, wenn Hilfs-"Pakete" auf dem Institutions-Modell beruhen. Der erste, nicht untypische Brief, den ich von Pauls Betreuer erhielt, gebraucht viele negative Klischees wie: "mit jemandem zurechtkommen" (ein schwieriger Mensch), Anwendung des Wortes "Junge" auf einen Sechzehnjährigen (Kind-Bild), "aus der Schule nehmen" (Absonderung), "die XY-Schule mit all ihren Möglichkeiten" (Institutions-Modell der Hilfeleistung) und "auf das XY-College setzen" (Hilflosigkeit).

Was ist aus Paul geworden, was aus seiner Beurteilung? Bald nachdem Paul auf das College gekommen war, trat ich eine andere Stelle an. Das nächste Mal sah ich ihn ein Jahr später, als er als Schülersprecher für Probleme behinderter Schüler an einer Konferenz teilnahm. In einem kurzen Gespräch erzählte er mir, daß er gerade dabei sei, sich im College einzuleben. Ich bat ihn, mit mir in Kontakt zu bleiben. Etwa ein Jahr später erhielt ich einen Brief, den Paul auf seinem eigenen Computer geschrieben hatte:

"Als ich damals 1984 in *Abraham Moss* mit einem Förderkurs anfing, fand ich die Kursarbeit leicht und lernte eigentlich nichts, und manchmal war ich ziemlich gelangweilt.

Im Oktober brachte mich mein Tutor dann in ein paar Grundlagenkursen in Mathematik und Englisch unter, und wenn es auch nur ein paar Stunden in der Woche waren, mußte ich meinen Kopf doch viel mehr anstrengen.

Im Januar 1985 begann ich den 21-Wochenstundenkurs in grundlegender Mathematik und Englisch. An anderen Fächern besuche ich Informatik, Gesellschaftslehre und Instrumentalunterricht.

Nächstes Jahr besuche ich einen Kurs für das Abschlußzeugnis der weiterführenden Bildung (*Certificate of Further Education* − CFE), das ist ein einjähriger Examenskurs in den folgenden Fächern: Mathematik, Englisch, Informatik, Gesellschaftslehre, Biologie des Menschen sowie Französisch und andere Fächer, um die Stundenzahl voll zu machen."

Die Stelle über die zu leichte Arbeit ist interessant, jedoch hatte Paul nun mit Menschen zu tun, die darauf reagieren konnten. Er hatte größere Verantwortung für sein Lernen. Zwei Jahre später erhielt ich einen neuen Brief von Paul. Darin hieß es:

"Ich bin immer noch in *Abraham Moss* und mache grundlegende Mathematik und Englisch sowie Soziologie für die Prüfung zum allgemeinen Abschlußzeugnis der Sekundarstufe (*General Certificate of Secondary Education* − GCSE). Am Anfang des Schuljahrs begann ich mit Englisch auf dem GCSE-Niveau, fand das aber zu schwer. Ich hoffe, nächstes Jahr Mathematik und Englisch für das GCSE machen zu können.

Für meinen Soziologie-Kurs muß ich gerade eine Arbeit schreiben, bei der ich Informationen aus verschiedenen Quellen wie Interviews und Fragebögen zusammentragen muß.

Ich habe mich entschieden, meine Arbeit über Körperbehinderte an der Schule zu schreiben. Dürfte ich Sie dazu befragen? Ich wäre sehr froh, wenn Sie Zeit dafür hätten, es würde mir sehr helfen."

Der Brief spricht für sich selbst. Paul war dabei, meine Arbeit zu bewerten. Paul möchte nach wie vor ein integriertes College besuchen. Er war fest entschlossen, nach Hause zu kommen und an seinem Heimatort weiter zur Schule zu gehen.

Der Weg für die Zukunft muß es sein, konstruktiv mit den Jugendlichen über ihre Wünsche für die eigene Zukunft nachzudenken und ihnen bei der Planung zu helfen. Ein Ausgangspunkt könnte der Vorschlag sein, daß kein College sich weigern darf, behinderte Schüler aufzunehmen, wenn es nicht erwiesen ist, daß

- der Kurs voll ist und es keine für den Schüler annehmbare Alternative gibt,
- der interessierte Schüler nicht für den Kurs qualifiziert ist,
- das für den Schüler notwendige Maß an persönlicher Betreuung nicht gewährleistet werden kann,
- der Schüler nicht über die notwendigen Hilfsmittel verfügt, um sich Zugang zum Kursmaterial verschaffen zu können,
- bauliche Hindernisse auf dem College-Gelände dem Schüler eine Fortbewegung in wichtigen Bereichen unmöglich machen würden,
- der Schüler nicht zum College gelangen könnte, weil kein Verkehrsmittel zur Verfügung steht, und
- Veränderungen, die den Grund für die Ablehnung beheben würden und innerhalb des Colleges realistischerweise vorgenommen werden könnten, geprüft worden sind.

Die Colleges sollten sich strikt an diese Vorgehensweise halten und interessierte Schüler aktiv beratend unterstützen oder sie an eine geeignete Stelle verweisen, wo sie Unterstützung bekommen können. Eine Auswertung dieser Angaben wird den örtlichen Behörden dabei helfen, besser für die Zukunft planen zu können.

Das dargestellte Beispiel faßt in die Praxis umgesetzte Prinzipien zusammen und veranschaulicht, was auch unter schwierigen Umständen getan werden kann, wenn Ziele eindeutig und aktiv verfolgt werden.

Ruth Luckasson

FALLMANAGEMENT IN DEN USA

In den USA wird der Ausdruck "Fallmanagement" häufig von Fachleuten und Betreuern aus dem Sozialbereich verwendet. Gewöhnlich scheint er eine positive Konnotation zu haben, aber bei vielen im sozialen Bereich Tätigen klingt oft die Enttäuschung mit, daß Fallmanagement "nicht so gut funktioniert, wie es eigentlich sollte". Bei Nachfragen erfährt man nur selten Einzelheiten darüber, wie Fallmanagement genau zu definieren ist, warum es nicht funktioniert, oder was wir zu seiner Verbesserung tun könnten. Es wird so getan, als sei Fallmanagement eine selbstverständliche Angelegenheit. Natürlich ist es das nicht.

Der vorliegende Aufsatz möchte einige der Fragen, die im Zusammenhang mit dem Fallmanagement in den USA aufgekommen sind, untersuchen und einige nützliche Kontrastaspekte in die internationale Erfahrungsdiskussion einbringen. Leider wird in den USA nur wenig empirische oder qualitative Forschung über Fallmanagement betrieben. Mit wenigen Ausnahmen besteht die einschlägige Literatur in erster Linie aus Berichten über finanzierte Projekte, Ausbildungshandbüchern und Beschreibungen, wie Fallmanagement vor sich gehen und was man damit erreichen sollte. Da diese Literatur zum großen Teil nicht publiziert ist, wird sie häufig nicht von Kollegen rezensiert und ist schwierig zu sammeln. Meine eigene Literatursuche war dann am ergiebigsten, wenn ich persönlichen Kontakt zu Autoren aufnehmen konnte, die mir ihre Sammlung dann großzügig zur Verfügung stellten. Eine umfangreiche Zusammenstellung der Literatur zu diesem Gebiet enthält die Bibliographie am Ende dieses Aufsatzes.

Der Aufsatz beginnt mit einer Darstellung der Entwicklung des Fallmanagements in den USA. Es folgt ein Überblick über die grundlegenden Definitionen des Begriffs mit dem Versuch, die gemeinsamen Aspekte der Definitionen herauszuarbeiten. Danach werden Fragen aus der Praxis wie Führungsrolle, Unabhängigkeit, Autorität, Zahl der zu betreuenden Klienten sowie Ausbildung und Zufriedenheit mit der Arbeit behandelt. Schließlich werden verschiedene Verfahren des Fallmanagements aus einigen Bundesstaaten der USA vorgestellt. Da viele der herangezogenen Dokumente schwer zugänglich sind, wurden einige Auszüge daraus, die brauchbare Ansatzpunkte für die Diskussion bieten können, wiedergegeben.

Die Entwicklung des Fallmanagements

Ein Rückblick auf die Geschichte der Idee des Fallmanagements im sozialen Bereich zeigt, daß Fallmanagement keine Erfindung der achtziger Jahre ist. Bei den in den USA unternommenen Versuchen, Menschen bei der Inanspruchnahme von sozialen Hilfsdiensten zu helfen, tauchte diese Idee schon früh auf. Bereits 1922 unterstrich Mary Richmond, eine Pionierin der amerikanischen Sozialarbeit, die Bedeutung dessen, was sie "indirektes Handeln" nannte (Richmond 1922) und was wir wohl Fallmanagement nennen würden: "Indirektes Handeln durch viele Elemente der sozialen Umwelt − durch andere Menschen, durch Stellen und Institutionen, durch materielle Dinge − ist zwar nicht die einzige Vorgehensweise des Sozialarbeiters, fällt aber doch ausschließlicher in seinen Wirkungsbereich als einige der anderen erwähnten Vorgehensweisen [d.h. Beratung]".

Seitdem ist Fallmanagement regelmäßig von verschiedenen Berufsgruppen wiederentdeckt worden, häufig auch von verschiedenen Behindertengruppen und häufig als Bestandteil einer jeweils anderen Sozialpolitik. So erlebten wir in den frühen siebziger Jahren eine moderne Erscheinungsform von Fallmanagement-Grundsätzen, als Elliot Richardson, der damalige Minister für Gesundheit, Bildung und Soziales unter Präsident Nixon, ein Memorandum unter dem Titel "Integration der Sozialleistungen: Die nächsten Schritte" herausgab. Vom Bund finanzierte Projekte zur Integration von Sozialleistungen unter der Bezeichnung "Zielsetzungen der Möglichkeiten einer Integration von Sozialleistungen" (*Services Integration Targets of Opportunity* − SITO) wurden in Angriff genommen, um Verbindungen zwischen den einzelnen sozialen Einrichtungen zu schaffen. Das Ziel war, die Abhängigkeit von Menschen mit vielfachen Problemen von den Sozialhilfeprogrammen zu verringern durch: "a) koordinierte Hilfsleistungen zum größten Wohl der Menschen, b) einen ganzheitlichen, auf den Einzelnen und seine Familie ausgerichteten Ansatz, c) umfangreiche Hilfsleistungen und -einrichtungen am Ort und d) eine sinnvolle örtliche Verteilung von Mitteln, um örtlichen Erfordernissen gerecht zu werden" (Richardson 1971, nach College und Austin o.J.). Kürzlich hat die *New York Times* das Fallmanagement entdeckt. Ein Leitartikel kündigte eine "mutige" Änderung in der Gesundheitsfürsorge bei Geisteskrankheiten an: ein Heer von "Fallmanagern", das sich um die Bedürfnisse von Menschen mit Geisteskrankheiten kümmern sollte. "Das Experiment verdient den Beifall der Stadt und des ganzen Landes" ("Mental Health on the Street" 1988, S. 22). Es muß etwas an den sozialen Problemen der Menschen und an dem Gedanken des Fallmanagements sein, das seine Anziehungskraft, seine Langlebigkeit und seine Anpassungsfähigkeit ausmacht.

Mit dem Aufkommen der Politik der Deinstitutionalisierung[1] und dem ideellen Bestreben, Hilfen nach den Prinzipien der geringsten Einmischung und der geringsten Einschränkung zu leisten, scheint das Fallmanagement zu einem festen Bestandteil der heutigen Behindertenpolitik geworden zu sein. Als Menschen mit erworbenen Behinderungen die sie rundum versorgenden Einrichtungen verließen und sich den komplexen Mechanismen eines zersplitterten Systems sozialer Dienste gegenübersahen, wurde deutlich, daß die meisten von ihnen Hilfe bei der Zusammenstellung des ihren Bedürfnissen entsprechenden Leistungspakets brauchen würden. Gleichzeitig begannen Menschen mit Behinderungen ihre Autonomie und Entscheidungsgewalt einzufordern und schufen eine Selbstbestimmungsbewegung. Mit der Forderung, als "Kunden" angesehen zu werden, erreichten die Verfechter der Selbstbestimmung eine Verschiebung des Gleichgewichts der Kräfte, indem sie den Betreuern die Rolle von Angestellten der Behinderten zuwiesen und darauf drängten, daß die Entscheidungsgewalt in den Händen der Behinderten und nicht in denen ihrer Betreuer liegen sollte. Angesichts der tatsächlichen Behinderungen, die die Verfechter der Selbstbestimmung erfahren, ist die Unterstützung durch einen Fallmanager notwendig, der die Absichten der Klienten ausführen und ihnen dabei helfen soll, über das komplexe und oft zersplitterte Sozialleistungssystem zu verhandeln. Man vermutet, daß eine stärkere Betonung des Fallmanagements gewöhnlich mit einer theoretischen Verschiebung weg von dem Versuch, den Behinderten durch klinische Maßnahmen zu verändern, zu dem Versuch, soziale Veränderungen der Umwelt des Behinderten durch gesellschaftliche Einflußnahme herbeizuführen, einhergeht (National Association of Social Workers 1984).

Es gibt noch eine andere ähnliche Interpretation: Nachdem rundum versorgende Einrichtungen nicht mehr die für das Leben von Menschen mit Behinderungen verantwortliche Instanz darstellten, entstand möglicherweise die Notwendigkeit, eine alternative verantwortliche Instanz zu benennen. Eine nur für eine Leistung zuständige Einrichtung konnte diese Verantwortlichkeit nicht übernehmen, da Menschen mit Behinderungen ein großes Spektrum an Leistungen von vielen verschiedenen Einrichtungen benötigen. Die Benennung einer Person und nicht einer Institution als verantwortliche Instanz befriedigte daher das Bedürfnis des Systems nach eindeutig festgelegter Verantwortung. Fallmanager erfüllten diese Erwartung.

Der Ausdruck "Fallmanagement" ist nicht ohne Kritik geblieben. Der Hauptvorwurf ist, daß ein Mensch kein "Fall" ist, der "gemanagt" werden kann. Obwohl dieser feinfühlige Einwand ernst zu nehmen ist, wird der Ausdruck im vorliegenden Aufsatz dennoch verwendet, da er eine leichtere Verständigung erlaubt.

---

1 Anm. des Übers.: Deinstitutionalisierung ist die Politik der Entlassung von Behinderten aus speziellen Einrichtungen für Behinderte (= institutions) und ihrer (Wieder-)Eingliederung in die Gesellschaft.

Was ist ein Fallmanager?

Eine Möglichkeit, die Rolle des Fallmanagers in den USA zu definieren und seine Funktionen zu beschreiben, ist die Darstellung des gesetzlichen Auftrages für seine Dienste und der Reaktionen der relevanten Berufsgruppen. Fallmanagement und sein Auftrag wurden in vielen offiziellen Vorschriften, wie Bundesgesetzen und einzelstaatlichen Gesetzen, Gerichtsprozessen und von Fachleuten aus dem sozialen Bereich beschrieben und festgelegt. Es folgen einige Beispiele.

1975 wurde das Bundesgesetz über die Unterstützung von Behinderten und ihre Grundrechte (*Developmentally Disabled Assistance and Bill of Rights Act*), die wichtigste Gesetzgebung im Behindertensektor, verabschiedet. Es ist die Novellierung des früheren Gesetzes über die Schaffung von Leistungen und Einrichtungen für Behinderte (*Developmental Disabilites Services and Facilities Construction Act*). Ziel des neuen Gesetzes war es, a) die Unterstützung des Bundes so zu erweitern, daß alle Menschen mit Behinderungen die Leistungen und Chancen erhalten, die notwendig sind, damit sie durch eine Stärkung ihrer Selbständigkeit, Produktivität und Integration in die Gesellschaft ihre maximalen Möglichkeiten ausschöpfen können, b) die Rolle, die ihre Familien bei diesem Prozeß spielen, aufzuwerten und c) in jedem Bundesstaat ein System zu unterstützen, das diese Menschenrechte und die gesetzlich verankerten Rechte von Menschen mit Behinderungen schützt (das "Schutz- und Beistands"-System der Einzelstaaten, 42 USC 6000 ff.). Das Gesetz bezeichnet Fallmanagement als eine Priorität und definiert es als:

"... Tätigkeiten zur Einleitung eines zielorientierten, potentiell lebenslangen Prozesses zur Koordination der verschiedenen von Menschen mit Behinderungen und ihren Familien benötigten Hilfen, die die Erreichbarkeit und Kontinuität von Unterstützungen und Leistungen und die Verantwortlichkeit dafür gewährleisten sowie garantieren sollen, daß die maximalen Möglichkeiten an Selbständigkeit, Produktivität und Integration in die Gesellschaft ausgeschöpft werden" [42 USC 60001 (16°), P.L. 100-146, Abschnitt 102].

Ein weiteres wichtiges Behindertengesetz, das Bundesrehabilitationsgesetz von 1973 (*Rehabilitation Act*, 29 USC 701 ff., P.L. 93-516), hat das Ziel, durch Forschung, Ausbildung, Hilfen und die Garantie der Chancengleichheit umfassende und koordinierte Programme beruflicher Rehabilitation und selbständiger Lebensführung zu entwickeln und zu verwirklichen. Das Gesetz fordert, daß jeder Leistungsnehmer aufgrund eines "individualisierten, schriftlich fixierten Plans" versorgt wird. Das Gesetz sieht unter anderem folgende Fallmanagement-Leistungen vor: "Beratung, Überweisung, Vermittlungshilfen für Behinderte − einschließlich der Nachsorge, der laufenden Betreuung und der speziellen Hilfen nach dem Berufseinstieg, die Behinderten helfen sollen, eine Anstellung zu behalten oder wiederzuerlangen − sowie andere Hilfen, die Behinderte unterstützen sollen, sich Leistungen, die nicht unter dieses Gesetz fallen, bei anderen Stellen zu verschaffen" [29 USC 723 (a)(2)].

Entsprechend verlangt das Bundesgesundheitsgesetz für geistig Behinderte (*Mental Health Systems Act*), daß jeder Bundesstaat den chronisch Geistesbehinderten, die erhebliche Summen an öffentlichen Geldern oder umfangreiche Leistungen erhalten, mit Fallmanagement helfen muß [42 USC 300x-11(b) (6) (Novelle von 1986, P.L. 99-660)]. Eine ausführlichere Beschreibung des Fallmanagements für geistig Behinderte findet sich in Platman u.a. 1982.

Der gegenwärtige Reformvorschlag für das *Medicaid*-Krankenversicherungsprogramm des Bundes enthält Fallmanagement-Hilfen als Dienstleistungen in Gemeinde und Familie, deren Kosten übernommen werden. Das Sozialhilfe-Gesetz definiert Fallmanagement als "Hilfen, die Personen ... dabei unterstützen, Zugang zu den benötigten medizinischen, Sozial-, Bildungs- und anderen Leistungen zu erlangen" [42 USC 1396n(g)(2)].

Das Bundesgesetz über die Schulbildung aller behinderten Kinder von 1975 (*Education for All Handicapped Children Act*, 20 USC 1400 ff., P.L. 94-142) verlangt, daß die Schulbildung eines behinderten Kindes und die damit verbundenen Maßnahmen von einem interdisziplinären Team aufgrund eines individuellen Bildungsprogramms (*Individualised Education Programme* – IEP) koordiniert werden. Ein IEP ist:

"... ein für jedes Kind angefertigtes schriftliches Protokoll, das in einem Treffen zwischen einem Vertreter der örtlichen Bildungsbehörde oder einer eingeschalteten Bildungseinrichtung, der berechtigt ist, die Versorgung der behinderten Kinder mit einem ihren besonderen Bedürfnissen angepaßten Unterricht zu sichern oder zu beaufsichtigen, dem Lehrer, den Eltern oder Vormündern des Kindes und gegebenenfalls dem Kind selbst abgefaßt worden ist. Dieses Protokoll enthält a) eine Aussage über den gegenwärtigen Leistungsstand des Kindes, b) eine Aussage über die Jahresziele einschließlich der kurzfristigen Lernziele, c) eine Aussage über die zu leistenden besonderen pädagogischen Maßnahmen für das Kind und das Ausmaß, in dem das Kind an regulären Bildungsangeboten teilhaben kann, d) den anvisierten Zeitpunkt für den Beginn und die voraussichtliche Dauer dieser besonderen Maßnahmen und e) geeignete objektive Kriterien und Auswertungsmechanismen sowie Zeitpläne zur zumindest jährlichen Feststellung, ob die Lernziele erreicht worden sind" [20 USC 1301(19)].

Der Prozeß der Unterstützung von Jugendlichen mit Behinderungen beim Übergang von der Sonderschule und anderen sonderpädagogischen Einrichtungen in den Beruf war schon mehrmals Gegenstand von OECD/CERI-Untersuchungen. Fallmanagement bildet einen unverzichtbaren Teil eines erfolgreichen Berufsübergangs. (Eine Darstellung gegenwärtiger Einrichtungen und Konzepte für die Hilfe beim Übergang findet sich in Ludlow, Turnbull und Luckasson 1988.)

Viele Bundesstaaten der USA haben zusätzlich zu der nationalen Gesetzgebung über das Fallmanagement eigene gesetzliche Regelungen geschaffen. Minnesota hat beispielsweise den Versuch unternommen, das Problem des Fallmanagements mit der Vorschrift anzugehen, daß die Kreise jeden Klienten mit einer geistigen Behinderung oder einer ähnlichen Diagnose durch fortlaufendes Fallmanagement unterstützen müssen. Nach der dort gegebenen Definition soll Fallmanagement "die Diagnose, eine Beurteilung des persönlichen Bedarfs an Leistungen und Hilfen, einen individuellen Hilfsplan sowie Verfahren für die Leistung, Bewertung und Kontrolle der im Plan bestimmten Hilfen" umfassen [Minnesota Statutes Annotated, Abschnitt 256B.092 (1988)]. Minnesota hat auch eine Vermittlungsstelle für Leistungen beim Berufsübergang gesetzlich eingeführt. Die Stelle gehört zum Bildungsministerium und soll Angaben über Übergangshilfen für behinderte Schüler der Sekundarstufe zusammentragen und ordnen, den am Übergang von der Schule in den Beruf beteiligten örtlichen und staatlichen Hilfsorganen Informationen und technische Hilfe zur Verfügung stellen sowie bei Absprachen zwischen örtlichen Instanzen und bei der Planung von interdisziplinären Schulungen für Mitarbeiter verschiedener Stellen zur Entwicklung und Verbesserung von Übergangshilfen helfen [Minnesota Statutes Annotated, Abschnitt 120.183 (1988)].

Ein Bundesbezirksgericht verfügte nach der Schließung von Pennhurst, einer großen Einrichtung für geistig Behinderte im Südosten von Pennsylvania, daß die Kreise Fallmanager für die Bedürfnisse aller Schüler des Pennhurst-Falles stellen sollten (Halderman gegen Pennhurst 1979; Anordnung über den vorläufigen Betrieb von Pennhurst vom 5.3.1979, zitiert in Conroy und Bradley 1985). (Eine gut recherchierte Beschreibung der Deinstitutionalisierung Pennhursts findet sich in Conroy und Bradley 1985.) Das Gericht befand, daß fehlende Verantwortlichkeit beim Fallmanagement der Hauptgrund für die mangelnde Durchlässigkeit zwischen der Institution und der Gesellschaft war (Laski und Spitalnik 1979).

Auch zwei große Fachverbände haben sich mit den Prinzipien des Fallmanagements beschäftigt: der Zulassungsausschuß für Hilfen für Menschen mit Entwicklungsstörungen (*Accreditation Council for Services to People with Developmental Disabilities* – ACDD) und die Nationale Vereinigung der Sozialarbeiter (*National Association of Social Workers* – NASW). Eine häufig zitierte Definition von Fallmanagement findet sich in den Zulassungskriterien des ACDD. Dieser im ganzen Land anerkannte freiwillige Zulassungsausschuß setzt sich aus Vertretern von zehn wichtigen Berufsgruppen, die im Bereich der geistig Behinderten tätig sind, zusammen. Für viele Hilfsorgane und Kunden im ganzen Land ist die Erfüllung der ACDD-Kriterien ein Gütesiegel für erstklassige Hilfeleistung. In mehreren bedeutenden Fällen, wie der bundesstaatlichen Krankenversicherung *Medicaid*, hat der Bund die Kriterien des ACDD in ein Bundesgesetz übernommen. Die ACDD-Kriterien legen großen Wert auf koordinierte Hilfeleistung, und der Abschnitt über die Plankoordinierung erwähnt ausdrücklich den individuellen Plankoordinator oder Fallmanager. Im folgenden sind die entsprechenden Kriterien für das Fallmanagement wiedergegeben:

"600. Für jeden betreuten Behinderten wird ein individueller Plankoordinator bestimmt. Unabhängig davon, wer ernannt wird, wirken die Mitarbeiter aller Stellen, die eine nach dem Plan erforderliche Hilfskomponente leisten, aktiv an der Gestaltung effektiver Kommunikation und der gesamten Plankoordination mit.

605. Jedem Behinderten, der diese Rolle nicht selbst übernehmen kann, wird ein individueller Plankoordinator zugewiesen, der für die Koordination und Kontrolle aller auf die Verwirklichung des Plans gerichteten Maßnahmen zuständig ist.

606. Wenn der Behinderte nicht selbst der Plankoordinator ist, wird dem Behinderten sowie seinen Eltern oder seinem Vormund bzw. Rechtsbeistand und allen, die den Behinderten mit Leistungen und Hilfen versorgen, ein individueller Plankoordinator genannt.

607. Die schriftlich festgehaltenen Verfahrensbestimmungen stellen es dem Behinderten, seinen Eltern oder seinem Vormund bzw. Rechtsbeistand frei, einen anderen individuellen Plankoordinator zu verlangen und zu bekommen.

Wenn der Behinderte nicht selbst der Plankoordinator ist, dann ist es Aufgabe des ernannten Plankoordinators:

608. dem Behinderten dabei zu helfen, innerhalb und außerhalb der eigenen Stelle die vom Planungsteam vorgesehenen Leistungen und Hilfen ausfindig zu machen und zu bekommen,

609. zumindest einmal im Monat die Verwirklichung der Programme und die Leistung der Hilfen zu überprüfen und einzugreifen, um die Verwirklichung des individuellen Plans zu gewährleisten,

610. die Überweisung des Behinderten an eine andere Einrichtung oder Stelle zu veranlassen, wenn eine solche Überweisung von dem Behinderten erwünscht wird und in Einklang mit seinem Plan steht,

611. die Präferenzen des Behinderten ausfindig zu machen und zu respektieren, wenn sie nicht unvereinbar mit den angestrebten Zielen sind,

612. dem Behinderten dabei zu helfen, Organisation und Verantwortung für die Dinge zu übernehmen, für die er Organisations- und Verantwortungsfähigkeit zeigt" (Accreditation Council for Services to People with Developmental Disabilities 1988).

Die Nationale Vereinigung der Sozialarbeiter (NASW) hat im November 1984 "NASW-Fallmanagementkriterien und -richtlinien für die Sozialarbeit mit Menschen mit funktionellen Störungen" vorgelegt. Ausgehend davon, daß in den USA verschiedene Fallmanagement-Modelle praktiziert werden und daß die Rolle des Fallmanagers nicht immer von einem Sozialarbeiter ausgeübt wird, versucht die Vereinigung, zur Orientierung von Sozialarbeitern, die als Fallmanager tätig sind, einige Fragen zu klären. Fallmanagement wird definiert als "Mechanismus, der den Ablauf eines umfassenden Programms, das durch die Koordination und Verknüpfung der einzelnen Hilfskomponenten den Bedarf eines Behinderten an Betreuung abdeckt, sicherstellt. Die Hilfskomponenten können von einer einzelnen Stelle geleistet werden oder auf verschiedene Stellen verteilt sein. In jedem Fall muß, wenn das Fallmanagement effektiv sein soll, der Fallmanager mit ausreichender Vollmacht ausgestattet sein, damit er Leistungen in Auftrag geben und kontrollieren kann".

Die NASW hat drei Kriterien aufgestellt, nach denen sich die Sozialarbeiter bei ihrer Tätigkeit als Fallmanager richten sollen:

1. Kriterium: Ausweitung der Selbstbestimmung. Der Sozialarbeiter als Fallmanager ist dafür verantwortlich, daß alle Klienten soweit irgend möglich in die Entwicklung und Verwirklichung der für ihre Betreuung entworfenen Pläne einbezogen werden.

2. Kriterium: Vorrang der Interessen des Klienten. Der Sozialarbeiter als Fallmanager sollte sein ganzes fachliches Können für den Dienst am Klienten einsetzen und die Ziele der Institution sorgfältig gegen die des Klienten abwägen.

3. Kriterium: Verhältnis zu Kollegen. Als Fallmanager sollte der Sozialarbeiter seinen Kollegen mit Höflichkeit und Respekt begegnen und danach streben, zum Wohl des Klienten die Kooperation zwischen den verschiedenen Berufsgruppen auszubauen.

Außerdem hat die NASW fünf Richtlinien für den Ablauf des Fallmanagements aufgestellt:

1. Richtlinie: Aufgaben des Fallmanagements. Fallmanagement in der Langzeitbetreuung umfaßt a) die interdisziplinäre Beurteilung des Klienten und die regelmäßige Überprüfung seines Entwicklungsstandes sowie die Ausarbeitung eines Betreuungsplans, b) die Verwirklichung des Betreuungsplans, die Koordination und Kontrolle der Hilfen und Leistungen und c) die Wahrnehmung der Interessen des Klienten, die Beendigung des Falls und Nachsorge.

2. Richtlinie: Gemeinschaftliche Tätigkeit. Fallmanagement als Tätigkeit, bei der der Sozialarbeiter, der Klient, seine Familie und andere Fachleute und Instanzen zusammenarbeiten, erfordert eine Beschreibung der jeweiligen Aufgaben.

3. Richtlinie: Verantwortlichkeit und Beurteilung des Programms. Die Verantwortlichkeit der Mitarbeiter und der beteiligten Stellen sollte durch eine geeignete Dokumentation und Datensammlung sowie durch die regelmäßige Beurteilung der Qualität, Angemessenheit und Wirksamkeit des Fallmanagement-Systems und der durch dieses System geleisteten Hilfen sichergestellt werden.

4. Richtlinie: Weiterentwicklung von Ressourcen und Sozialleistungen. Da den Klienten mit funktionellen Störungen und ihren Familien ein großes Angebot an sozialen und medizinischen Betreuungsverfahren zur Verfügung gestellt werden muß, muß der Sozialarbeiter als Fallmanager Lücken im Hilfsangebot erkennen können und auf die Ausweitung oder Neueinrichtung von Leistungen innerhalb seiner Stelle und des weiteren Umfeldes hinarbeiten, um diesen Bedürfnissen gerecht zu werden.

5. Richtlinie: Grundsatzentscheidungen und Ausstattung der Stellen. Die zahlreichen besonderen Verantwortungen des Fallmanagements müssen durch administrative und finanzielle Maßnahmen unterstützt werden und in der Planung, bei Grundsatzentscheidungen sowie in der Personal- und Haushaltspolitik der Stelle angemessene Berücksichtigung finden (National Association of Social Workers 1984).

Wodurch unterscheidet sich ein Fallmanager von einem traditionellen Sozialarbeiter? Caragonne und Austin haben den folgenden Vergleich vorgeschlagen:

Traditionelle Sozialarbeit	**Fallmanagement**
8.00 Uhr bis 17.00 Uhr	Nicht-festgelegte Arbeitszeit
routinemäßiger Arbeitsplan	keine Routinearbeit
Arbeit im Büro	Arbeit vor Ort
Schwerpunkt auf einer Hilfe oder Leistung	Schwerpunkt auf vielen Leistungen
geringer oder kein Kontakt zu anderen Stellen	ausgedehnter und vielfältiger Kontakt zu anderen Stellen
Vollmacht nur für die übertragenen Fälle	Vollmacht zur Vertretung der gesamten Stelle
beschränkte Entscheidungsgewalt	umfangreiche Entscheidungsgewalt
begrenzte Handlungsfreiheit	umfassende Handlungsfreiheit
routinemäßige Rückmeldung	regelmäßige, umfangreiche Rückmeldung.

Gemeinsamkeiten der Fallmanagement-Definitionen

Bei näherer Betrachtung werden an den verschiedenen im vorigen Abschnitt angeführten Definitionen mehrere Gemeinsamkeiten sichtbar. Alle Definitionen gehen von einem individuellen Beurteilungsprozeß aus, der die Bedürfnisse des Behinderten bestimmen soll. Außerdem scheint das allgemeine Ziel des Fallmanagements unstrittig zu sein, nämlich die Fähigkeit des Behinderten, seine Selbständigkeit und seine Chancen, ein selbstbestimmtes Leben zu führen, zu vergrößern sowie eine Kontinuität in der Betreuung zu gewährleisten. Diese Ziele für den Behinderten werden getragen von einem großen Engagement, Sozialleistungen spezieller wie allgemeiner Art so effektiv, gut und sinnvoll wie möglich zu erbringen. Alle Definitionen stimmen darin überein, daß viele Behinderte über eine lange Zeitspanne eine umfangreiche Palette an Leistungen benötigen werden; Leistungen und Hilfen müssen auch wirklich verfügbar sein, sonst gibt es nichts zu "managen". Schließlich scheint man sich allgemein darüber einig zu sein, daß Nachsorge und Qualitätskontrolle der empfangenen Leistungen unabdingbare Bestandteile des Fallmanagements sind.

Ross (National Conference on Social Welfare 1981, S. 106) hat drei Fallmanagement-Modelle vorgeschlagen: das Minimal-, das Koordinations- und das umfassende Modell. Er unterscheidet sie wie folgt:

Minimalmodell	Koordinationsmodell	Umfassendes Modell
Kontaktaufnahme	Kontaktaufnahme	Kontaktaufnahme
Beurteilung	Beurteilung	Beurteilung
des Klienten	des Klienten	des Klienten
Fallplanung	Fallplanung	Fallplanung
Überweisung an	Überweisung an	Überweisung an
betreuende Stellen	betreuende Stellen	betreuende Stellen
	Wahrnehmung der	Wahrnehmung der
	Interessen des Klienten	Interessen des Klienten
	direkte Fallarbeit	direkte Fallarbeit
	Entwicklung natürlicher	Entwicklung natürlicher
	Unterstützungssysteme	Unterstützungssysteme
	Neubeurteilung	Neubeurteilung
		Eintreten für die
		Weiterentwicklung
		der Verfahren
		Qualitätskontrolle
		Besuch einer
		öffentlichen Schule
		Eingreifen im Krisenfall

Kontroverse Fragen des Fallmanagements

Aus der vorliegenden Literatur geht hervor, daß in mehreren Bereichen des Fallmanagements wiederholt Spannungen aufgetreten sind. Es handelt sich um: Differenzen zwischen dem Urteil des Behinderten und dem des Fallmanagers; die Frage, ob Fallmanager unabhängig von oder Teil einer hilfeleistenden Stelle sein sollten; ob Fallmanager allein aufgrund ihres Verhandlungsgeschicks wirksam handeln können oder ob sie wirkliche Vollmachten brauchen; ob die Verantwortung für das Fallmanagement einem Einzelnen oder einem Team übertragen werden sollte; wieviele Klienten ein Fallmanager optimal betreuen kann; die Zufriedenheit der Fallmanager mit ihrer Arbeit.

Daß Differenzen zwischen dem Urteil des Behinderten und dem des Fallmanagers möglich sind, wird von den meisten Autoren anerkannt. Die Beilegung der Differenzen auf dem Feld des Fallmanagements ist jedoch in der veröffentlichten Forschungsliteratur noch nicht untersucht worden.

Sollten Fallmanager Teil einer hilfeleistenden Stelle oder unabhängig davon sein? Der am häufigsten genannte Nachteil für Fallmanager, die aus einer hilfeleistenden Stelle kommen, ist ein potentieller Interessenkonflikt (Bersani 1988, Spitalnik 1981). Dieser Konflikt kann auf mindestens drei Arten entstehen: die Loyalität des Fallmanagers kann zwischen dem Arbeitgeber und dem Klienten geteilt sein, die Loyalität des Fallmanagers kann zwischen zwei Klienten geteilt sein und der Fallmanager kann seine Auswahl an Leistungen auf diejenigen beschränken, die von der Stelle, bei der er beschäftigt ist, angeboten werden.

Besteht man jedoch darauf, daß Fallmanager getrennt von Stellen, die direkte Hilfen leisten, arbeiten, können andere Probleme auftreten. Eine solche Trennung kann ihre fachliche Position unnötig anfechtbar und unnötig isoliert von den Leistungen, für die Fallmanager verantwortlich sind, machen und kann ihnen etwas von der Durchsetzungskraft nehmen, die sie für ihre Arbeit benötigen. Wenn Fallmanagement ein unabhängiger Dienst ist, kann es zu einer "Privatisierung" kommen, und nichtstaatliche Anbieter können ihren Dienst dem Staat durch einen Vertrag verkaufen. Spitalnik (1981) argumentiert, daß private Anbieter von Fallmanagement-Leistungen weniger wünschenswert seien als staatliche Anbieter, da ihnen die institutionelle Stabilität, Beständigkeit und Kontinuität, die die staatlichen Anbieter leisten, fehlt. Eine weitere wichtige Überlegung ist, daß nach der Verfassung der USA wichtige Maßnahmen zum Schutz von Bürgerrechten nur vom "staatlichen Handeln" eines staatlichen Dienstes übernommen werden dürfen. Ohne diese Schutzmaßnahmen sind Behinderte der Diskriminierung ausgesetzt.

Selbstverständlich müssen Fallmanager die Fähigkeit oder Durchsetzungskraft haben, die sich aus ihrer Rolle ergebenden Aufgaben tatsächlich zu bewältigen. Das bedeutet, daß man sie zusätzlich zu der notwendigen Verfügungsgewalt auch mit einem ausreichenden Maß an Prestige ausstatten muß. Ein Weg sicherzustellen, daß Fallmanager die Macht zur Erreichung ihrer Ziele haben, besteht darin, zwischen den einzelnen Stellen formelle Vereinbarungen über die Aufnahme von Klienten in die jeweils angebotenen Programme zu treffen. Dies kostet vielleicht einige schöpferische Anstrengung, kann den Fallmanagern aber manches sonst für jeden einzelnen Fall und jede neue Situation erforderliche Verhandeln oder nicht endende Streitereien ersparen.

Ein Großteil der Literatur zu Behinderten spricht sich dafür aus, daß die Verantwortung für das Fallmanagement einem Einzelnen und nicht einem Team übertragen werden sollte. Dagegen berichtet Test (1979), daß im Bereich der geistig Behinderten die Teamstruktur die Vorteile einer vom einzelnen Fallmanager unabhängigen größeren Verfügbarkeit und Kontinuität hat sowie aufgrund mehrerer Blickwinkel zu besserer Planung und zu weniger Verschleiß führt.

Häufig wird die Frage nach der optimalen Auslastung von Fallmanagern gestellt. Der Bericht von der Konferenz zur gegenwärtigen Situation des Fallmanagements führt aus, daß "keine andere Frage mit gleicher Beständigkeit gestellt und mit gleicher Heftigkeit diskutiert wurde" (National Conference 1981, S. 10). Berichte aus einzelnen Bundesstaaten zeigen, daß es hier eine enorme Bandbreite gibt, in der der Spitzenwert bei über 100 Klienten pro Fallmanager liegt. Spitalnik und Sullivan (1988, S. 27) führen sogar neuere Angaben von 300 Klienten an. Der Richter des Pennhurst-Falls verfügte, daß kein Fallmanager mehr als 40 Fälle zu betreuen haben sollte. Die Fallmanager von Pennhurst meinten dazu, daß 25 eine realistischere Zahl gewesen wäre. Natürlich ist die Kapazität eines Fallmanagers abhängig von der Art der geleisteten Hilfen, von den Bedürfnissen und Forderungen der Klienten, von regionalen und lokalen Gegebenheiten und von der Erfahrung und den Fähigkeiten eines Fallmanagers. Bewertungen im Einzelfall sollten solche Faktoren bei der Verteilung der Klienten auf die Fallmanager berücksichtigen.

Der Preis einer Überlastung ist, daß Fallmanager immer hetzen, keine Beziehung zu ihren Klienten aufbauen können, nur auf Notfälle reagieren und ihren Klienten nicht dabei helfen können, Probleme vorherzusehen und in die Planung einzubeziehen, und schließlich daß sie sich nur um die hartnäckigsten Klienten und nicht gleichberechtigt um alle Klienten kümmern können. Umgekehrt treibt eine mangelnde Auslastung der Fallmanager die Kosten hoch und führt möglicherweise bei Klienten, die von ihren Fallmanagern überversorgt werden, zu einer Abhängigkeit.

Die Zufriedenheit von Fallmanagern mit ihrer Arbeit wurde von Caragonne und Austin (o. J.) untersucht. Sie berichten, daß Fallmanager, die sich zufrieden über ihre Arbeit äußerten, großen Wert auf vermittelnde Fähigkeiten, Überzeugungskraft, Flexibilität und Kenntnis der bei den einzelnen Stellen bestehenden Gepflogenheiten legten. Arbeitszufriedenheit stand in positiver Korrelation zu einem größeren Maß an Kontakten zwischen den einzelnen Stellen, zu der Fähigkeit, Überweisungen anzunehmen oder selbst vorzunehmen, und zu einem hohen Maß an erhaltener Rückmeldung auf die Arbeit, an Arbeitsunabhängigkeit und Selbstverwirklichung (S. 129).

Gegenwärtige Praxis

Im folgenden werden einige repräsentative Fallmanagement-Systeme von Staaten der USA kurz beschrieben: Kalifornien, North Carolina, Colorado, Florida, das Amt für Behinderte von Ostnebraska (*Eastern Nebraska Community Office of Retardation* – ENCOR) und South Carolina. (Die Angaben entsprechen dem Stand von 1980. Zu weiteren Informationen vergleiche National Conference on Social Welfare 1981, S. 2.2-2.19.) Anschließend wird eine jüngere dreijährige Untersuchung des Fallmanagements in New Jersey vorgestellt.

Kalifornien hat 21 "regionale Zentren" mit ungefähr 1 000 angestellten Fallmanagern. Jeder Fallmanager betreut 64 Klienten. Die regionalen Zentren sind private, nichtstaatliche Einrichtungen, die mit dem Staat Kalifornien einen Vertrag über ihre Leistungen abgeschlossen haben. Das System der regionalen Zentren wurde 1966 als Pilotprojekt eingerichtet. Zwei Sonderprogramme bilden Eltern von Behinderten zu Fallmanagern aus. Zwischen den 21 Zentren bestehen große Unterschiede.

North Carolina verfügt nicht über ein landesweites Fallmanagement-System, hat aber fünf Programme für elf Kreise eingerichtet. In der Fallmanagement-Einrichtung von Craven County sind fünf Mitarbeiter beschäftigt, von denen jeder etwa 105 Behinderte betreut. Als eine Schwäche wird der spürbare Mangel an Legitimation angesehen, da Fallmanagement in North Carolina keine gesetzliche Grundlage hat.

Colorado hat seit 1978 ein landesweites Fallmanagement-System, zu dem 22 gemeinnützige private Einrichtungen gehören, die einen Vertrag mit dem Staat abgeschlossen haben. Es gibt etwa 130 Fallmanager, von denen jeder etwa 65 Klienten betreut. Die Einrichtungen bieten auch direkte Hilfeleistungen an, was schon zu Interessenkonflikten geführt hat.

Florida hat um das Jahr 1977 herum Fallmanagement-Einrichtungen gesetzlich eingeführt. Es gibt etwa 165 Fallmanager mit je 105 Klienten. Die Einrichtungen gehören zum Ministerium für Gesundheit und Rehabilitationseinrichtungen dieses Staates. Als größte Stärke des Systems von Florida gelten die Autorität und Eindeutigkeit, die sich daraus ergeben, daß alle finanzielle Verfügungsgewalt bei der staatlichen Stelle liegt.

In *Nebraska* ist Fallmanagement seit dessen Einführung im Jahre 1971 Bestandteil des hoch angesehenen Amts für Behinderte in Ostnebraska. Das Programm, das fünf Kreise umfaßt, beschäftigt etwa 25 Fallmanager mit jeweils etwa 37 Klienten. Administrativ betrachtet scheint eine größere Verantwortlichkeit gegenüber den Kreisen zu bestehen als gegenüber dem Staat.

South Carolina hat 1980 ein landesweites Fallmanagement-System eingeführt, das dem Amt des Gouverneurs untersteht. Es gibt 13 Fallmanager mit je etwa 35 Klienten. Der ländliche Charakter des Staates bringt Probleme bei der Erbringung der Leistungen mit sich. Die Anbindung des Systems an das Amt des Gouverneurs gilt als politisch neutral. Fallmanager haben einen großen Ermessensspielraum beim Kauf von Leistungen; dies dient dazu, die Einsatzbereitschaft der Mitarbeiter zu stärken und ihrem Verschleiß vorzubeugen.

New Jersey: Eine der besten Analysen eines Fallmanagement-Systems in den USA ist der kürzlich erschienene Bericht über die Erfahrungen in New Jersey (Spitalnik und Sullivan 1988). New Jersey hat eine sich über drei Jahre erstreckende Untersuchung über sein Fallmanagement-System abgeschlossen. Die Untersuchung wurde von Deborah Spitalnik, der Leiterin des der *Robert Wood Johnson Medical School* der Universität von New Jersey angeschlossenen Programms (*Univer-*

sity Affiliated Program — UAP), durchgeführt. Gegenwärtig erhalten in New Jersey etwa 25 000 Personen Fallmanagementleistungen. Die Untersuchung war durch die Politik einer raschen Deinstitutionalisierung notwendig geworden, durch die Fallmanagement zu einem in zunehmendem Maße entscheidenden Faktor für geistig Behinderte, die zum ersten Mal in örtlichen Gemeinschaften leben sollten, wurde. Ein weiterer Anlaß war die in New Jersey vorgenommene Erweiterung des Personenkreises, der Anspruch auf Fallmanagement hatte, von einer typisch restriktiven Definition von "geistig Zurückgebliebenen" zu der umfassenderen Definition von "Menschen mit Entwicklungsschwierigkeiten".

New Jersey untersuchte die gegenwärtige Praxis des Fallmanagement-Systems mit einer Reihe verschiedener Verfahren:

- Befragungen von Mitarbeitern des Fallmanagements auf allen Ebenen der Abteilung für Behinderte (*Division of Developmental Disabilities* — DDD),
- Befragungen von Fallmanagern eines "Gesundheitsdienstes für behinderte Kinder",
- Befragungen von Leistungsanbietern im Staat New Jersey,
- eine ausführliche Umfrage unter den Gebietsleitern innerhalb der DDD,
- eine Umfrage bei den Kunden selbst, ihren Familienangehörigen und den häuslichen Betreuern, die Maßnahmen zur Entwicklung der Fähigkeiten der Behinderten leisten,
- eine Zusammenfassung einer nicht veröffentlichten internen Prüfung der Fallmanagement- und Aufnahmeeinrichtungen der Gemeinden, die 1985 von der DDD vorgenommen wurde,
- eine Zusammenfassung des Fünfjahresplanes der DDD,
- eine Zusammenfassung der 1984 vom Vertreter der Öffentlichkeit vorgenommenen Untersuchung von in die Gesellschaft integrierten Wohneinrichtungen für geistig Behinderte,
- eine Zusammenfassung einer Untersuchung, in der in einer integrierten Umgebung lebende geistig behinderte Klienten beobachtet wurden,
- eine Prüfung der Empfehlungen der Sondereinheit des Gouverneurs für Leistungen an Behinderte,
- eine umfassende Analyse des Ausbildungsbedarfs, ausgehend von Aussagen der Teilnehmer an den UAP-Ausbildungsprogrammen,
- eine Untersuchung der Beobachtungen von Fallmanagern zum gegenwärtig angewandten "Individuellen Rehabilitationsplan",
- eine Analyse der Bitten um technische Unterstützung, die an das UAP gerichtet wurden,
- gemeinschaftliche Arbeit von Mitarbeitern der DDD und anderen Leistungsanbietern (Spitalnik und Sullivan 1988, S. 4).

Aus dieser umfangreichen Untersuchung schlossen Spitalnik und Sullivan, daß das System zwar aus der Sicht der meisten damaligen Kunden hinreichend funktionierte, daß die Mitarbeiter jedoch stark überlastet waren. Die bei der Hilfeleistung auftretenden Mängel wurden wie folgt zusammengefaßt:

- mangelnder Zusammenhang zwischen den Informationen über den Bedarf an Leistungen und der Systemplanung,
- sich überlappende Hilfeleistungen,
- restriktive Praxis in der Hilfeleistung,
- Mangel an Kapazitäten für spezielle Beurteilung und Programme,
- Mangel an Zugang zu allgemeinen Leistungen,
- schlechte Verwirklichung von zwischen mehreren Stellen getroffenen Vereinbarungen.

Faktoren, die sich negativ auf eine effektive Arbeit des Fallmanagers auswirken, sind:

- mangelnde Klarheit über die Erwartungen an die Rolle der Fallmanager sowohl bei den Mitarbeitern als auch in der Öffentlichkeit,
- unzureichende Vollmachten der Fallmanager,
- zu viele Klienten,
- "Papierkram",
- Bedarf an einer erweiterten Aufsichtsstruktur,
- Bedarf an laufender Fortbildung,
- Bedarf an einer Erweiterung von Einrichtungen, die die Arbeit von Fallmanagern unterstützen.

Schlußbemerkung

Die letztlich entscheidende Frage ist, wie man am besten Fallmanagement-Dienste anbietet, damit sie zu einer erfolgreichen Integration der Behinderten in die Gesellschaft beitragen. Die Untersuchung von Caragonne und Austin kommt zu dem Schluß, daß folgende Kennzeichen des Arbeitsumfeldes zu einem verbesserten Fallmanagement führen:

- eindeutige Definition der Aufgaben durch übergeordnete Instanzen,
- Vorgesetzte, die Unterstützung leisten und Organisation übernehmen,
- ein hoher Grad an Selbständigkeit,
- geringe Kontrolle durch Verfahrensregeln,
- eindeutige Vorgaben für die Kommunikation zwischen den Organisationsebenen,
- Unterstützung der Aufgaben des Fallmanagements innerhalb des Arbeitsumfeldes,
- Engagement und aktives Interesse für die Fallmanagement-Arbeit,
- Einverständnis mit einer unorthodoxen und innovativen Ausführung der Aufgaben (S. 115).

Eine erfolgreiche Integration von Behinderten in die Gesellschaft hängt von einem guten Fallmanagement ab. Alle unsere übrigen Bemühungen bei der Schaffung tatsächlicher Möglichkeiten für ein erfülltes Leben Behinderter in der Gesellschaft werden scheitern, wenn wir diese Aufgabe vernachlässigen. Die Sache verdient unsere größten Anstrengungen.

Bibliographie

Abrahams, L. und Seidl, H. (Hrsg.) (1979): *Introduction to Effective Case Management: Guidelines for Effective Communication*. Brown County Community Mental Health, Developmental Disabilities, and Alcohol and Drug Services Board, Greenbay, Wisconsin.

Accreditation Council on Services for People with Developmental Disabilities (1988): *1990 Standards for Services for People with Developmental Disabilities*. ACDD, Boston, Mass.

Altshuler, S. und Forward, J. (1978): "The inverted hierarchy: A case manager approach to mental health services". In: *Administration in Mental Health*, 6(1), S. 57-58.

Austin, D. und Caragonne, P. (1980): "Analysis of the function of the case manager in four mental health social services settings". In: *Case Management Project*. University of Texas, Austin, Tex.

Austin, D. und Caragonne, P. (1980): "Comparative analysis of twenty-two settings using case management components". In: *Case Management Project*. University of Texas, Austin, Tex.

Bader, J., Intagliata, J. und Kirshtein, R. (1980): "Case management evaluation: Phase one final report" (Executive summary). TEFCO Services, Inc., New York State Office of Mental Health, Buffalo, N.Y.

Bersani, H. (1988): "Issues in quality assurance in residential services". In: *TASH, The Association for Persons with Severe Handicaps Newsletter*, 14(10), S. 2.

Bradley, V. und Conroy, J. (1986): *Community Options: The New Hampshire Choice*. Developmental Disabilities Council, Concord, N.H.

Bruininks, R., Meyers, C.E., Sigford, B. und Lakin, K.C. (1981): *Deinstitutionalization and Community Adjustment of Mentally Retarded People*. American Association on Mental Deficiency, Washington, D.C.

Bruininks, R. H., Thurlow, M.A., Thurman, S.K. und Fiorelli, J. (1980): "Deinstitutionalization and community services". In: Wortis, J. (Hrsg.): *Mental Retardation and Developmental Disabilities − An Annual Review*, XI. Brunner/Masel, N.Y.

"California Association for the Retarded" (Memorandum). In: Lueger, S.A. (1981): *Case Management for the Developmentally Disabled: A Background Paper*. Department of Social and Rehabilitation Services, Topeka, Kan.

Caragonne, P. und Austin, D. (o. J.): *Final Report: A Comparative Study of the Functions of the Case Manager in Multipurpose, Comprehensive and in Categorical Programs*. School of Social Work, University of Texas, Austin, Tex.

Caragonne, P. (1980): "Implementation structures in community support programs: Manpower implications of case management systems". Manpower Development Project, Mental Health Program Office, Tallahassee, Fla.

Case Management Committee (1980): *Case Management Services for Developmentally Disabled Persons in Colorado: A Model and Implementing Manual*. Division for Developmental Disabilities, State of Colorado, Denver, Colo.

Center for Urban Affairs and Community Services (1978): *Case Management for the Developmentally Disabled: A Feasibility Study Report*. The Center, Raleigh, N.C.

Clarence N., York Associates (1985): *A Study to Monitor the Status of Mentally Retarded Clients Placed in the Community as Mandated by Public Law 1983, Chapter S 24*. Division of Mental Retardation, New Jersey Department of Human Services, Trenton, N.J.

Conroy, J. und Bradley, V. (1985): *The Pennhurst Longitudinal Study: A Report of Five Years of Research and Analysis*. Temple University Developmental Disabilities Center, Philadelphia, Pa., Human Services Research Institute, Boston, Mass.

Cooney, L. und Smith, C. (1979): *Illinois Case Management Study*. Illinois Governor's Planning Council on Developmental Disabilities, Springfield, Ill.

Developmentally Disabled Assistance and Bill of Rights Act, 42 USC 6000 ff., P.L. 100-146.

Dormady, J. und Gatens, M. (1980): *Case Management: Issues and Models*. State of New York Board of Social Welfare, Albany, N.Y.

Education for All Handicapped Children Act, 20 USC 1400 ff., P.L. 94-142.

Florida Department of Health and Rehabilitative Services (1983): *Improving Casework and Client Care*. Brehan Institute for Human Services, Tallahassee, Fla.

Flynn, R.J. und Nitsch, K.E. (1980): *Normalization, Social Integration, and Community Services*. University Park Press, Baltimore, Md.

Ganser, L.J. (1977): *Case Management Materials*. Division of Community Services, State of Wisconsin Department of Health and Social Services, Madison, Wis.

Governor's Task Force on Services for Disabled Persons (1987): *Certain Unalienable Rights* (Final Committee Report). Trenton, N.J.

Graham, J.K. (1980): "The work activities and work attitudes of case management staff in New York State community support systems". New York State Office of Mental Health, Bureau of Program Evaluation, Albany, N.Y.

Halderman v. Pennhurst State School and Hospital, 612 F. 2d 84 (3rd. Cir. Ct. App. 1979).

Hennessy, S. (1978): "A study of the attitudes of public social workers towards case management". Diss., University of Denver.

Hightower-Vandamm, M. (1981): "Case management – A new dimension to an old process". In: *The American Journal of Occupational Therapy*, 35(5), S. 295-297.

Horejsi, C.R. (1975): "Deinstitutionalization and the development of community based services for the mentally retarded: An overview of concepts and issues", University of Montana, Missoula, Mont., Project on Community Resources and Deinstitutionalization (Grant N° 90-C-341). Office of Child Development, US Department of Health, Education, and Welfare, Washington, D.C.

Intagliata, J. (1981): "Operationalizing a case management system: A multilevel approach". In: *Case management: State of the Art*. National Conference on Social Welfare, Springfield, Va.; National Technical Information Service, US Department of Commerce, Washington, D.C.

Intagliata, J. (1982): "Improving the quality of community care for the chronically mentally disabled: The role of case management". In: *Schizophrenia Bulletin*, 8(4), S. 655-674.

Intagliata, J. und Baker, F. (1983): "Factors affecting the delivery of case management services for the chronically mentally ill". In: *Administration in Mental Health*, 11(2), S. 75-91.

Jaslow, R.I. und Spagna, M.B. (1977): "Gaps in a comprehensive system of services for the mentally retarded". In: *Mental Retardation*, 15(2), S. 6-9.

Johnson, P.J. und Rubin, A. (1983): "Case management in mental health: A social work domain?". In: *Social Work*, 26(1), S. 16-24.

Johnson, T. (1984): *An Evaluation of the Case Management System for People with Developmental Disabilities in Dane County*. Wisconsin Coalition for Advocacy, Madison, Wis.

Kahn, L. (1978): *A Case Management System for the Mentally Retarded Citizens of Rhode Island: A Model, a Needs Assessment and Recommendations*. Rhode Island Department of Mental Health, Retardation, and Hospitals, Providence, R.I.

Koff, T.H. (1981): "Case management in long term care: Assessment, service coordination". In: *Hospital Progress*, 62(10) S. 54-57.

Kraber, J.M. (1982): "Case management as a therapeutic tool". In: *Hospital and Community Psychiatry*, 33(8), S. 665.

Lamb, H.R. (1980): "Therapist-case managers: More than brokers of services". In: *Hospital and Community Psychiatry*, 31(11), S. 762-764.

Landis, S. und Kahn, L. (1978): *Case Management Service: Request for Proposal Guidelines*. Division of Mental Retardation/Development Disabilities, Ohio Department of Mental Health/Mental Retardation, Columbus, Ohio.

Laski, F. und Spitalnik, D. (1979): "A review of Pennhurst implementation". In: *Community Services Forum*, 1(1), S. 1, 6, 8.

Levine, I. und Fleming, M. (1984): *Human Resource Development: Issues in Case Management*. Center of Rehabilitation and Manpower Services, University of Maryland, College Park, Md.

Levine, M. (1979): "Case management: Lessons from earlier efforts", *Evaluation and Program Planning*, 2, S. 235-243.

Lippman, L. (1975): *Long Term Personal Program Coordination*. Developmental Disabilities Council of New Jersey, Trenton, N.J.

Louisiana Office of Mental Retardation and Developmental Disabilities (1985): *Case Management Manual*. The Office, Baton Rouge, La.

Ludlow, B., Turnbull, A. und Luckasson, R. (Hrsg.) (1988): *Transitions to Adult Life for People with Mental Retardation: Principles and Practices*. Brookes, Baltimore, Md.

Lueger, S.A. (1981): *Case Management for the Developmentally Disabled: A Background Paper*. Mental Health and Retardation Services, Department of Social and Rehabilitation Services, Topeka, Kan.

MacEachron, A., Pensky, D. und Hawes, B. (1986): "Case management for families of developmentally disabled clients: An empirical policy analysis of a statewide system". In: J. Gallagher und P. Vietze (Hrsg.): *Families of Handicapped Persons: Research, Programs and Policy Issues*. Brookes, Baltimore, Md.

Mather, S., Breedlore, L., Johnson, T. und Wittner, C. (1982): *A Review of Dane County's Case Management System for People Who Are Developmentally Disabled*. Association for Retarded Citizens, Wis.

"Mental health on the street". In: *The New York Times*, (1988-01-25), S. 22.

Mental Health Systems Act, 42 USC 300x ff. (amendment of 1986), P.L. 99-660.

Middleton, J.E. (1985): *Case Management in Mental Retardation Service Delivery Systems: a View from the Field*. Diss., University of Pennsylvania.

Minnesota Statutes Annotated sec. 120.183 (West Cum. Supp. 1988).

Minnesota Statutes Annotated sec. 256B.092 (West Cum. Supp. 1988).

Missouri Department of Mental Health, Division of Mental Retardation/Developmental Disabilities (1984): *Case Management Process Requirements: User's Guide*. The Department, St. Louis, Mo.

National Association of Social Workers (1984): *NASW Standards and Guidelines for Social Work Case Management for the Functionally Impaired*. NASW, Silver Spring, Md.

National Conference on Social Welfare (1981): *Final Report: Case Management: State of the Art*. The Conference, Washington, D.C.

New Jersey Department of Human Services (1983): "Phase two: Restructuring for service, a plan to improve New Jersey's mental retardation system. Fiscal year 1984 – fiscal year 1989". Division of Mental Retardation, Department of Human Services, Trenton, N.J.

Novak, A.R. und Heal, L.W. (1980): *Integration of Developmentally Disabled Individuals into the Community*. Brookes, Baltimore, Md.

Office of Training and Staff Resources (1985): *Case Management Training Curriculum*. Texas Department of Mental Health and Mental Retardation, Austin, Tex.

Platman, S., Dorgan, R., Gerhard, R., Mallam, K. und Spiliadis, S. (1982): "Case Management of the Mentally Disabled". In: *Journal of Public Health Policy*, 3(3), S. 302-314.

Public Law 98-527, 19.10.1984. *Developmental Disabilities Act of 1984*. US Government Printing Office, Washington, D.C.

Regional Institute of Social Welfare (1977): *The Case Management Model: Concept and Process Definition. Vol. I: Concept and Process Definition; Vol. II: Implementation Requirements; Vol. III: Trainer's Guide*. The Institute, Athens, Ga.

Rehabilitation Act of 1973, 29 US 701 ff., P.L. 93-516.

Rehab Group Inc. (1984): *Specifications for a System of Individual Service Coordinaton for Persons with Developmental Disabilities*. The Group, Falls Church, Va.

Report to the Congress by the Comptroller General of the United States. *Summary of a Report — Returning the Mentally Disabled to the Community: Government Needs to do More*, HRD-76-152A.

Richmond, M. (1922): *What is Social Case Work? An Introductory Description*. Russell Sage Foundation, New York.

Riffer, N. und Freedman, J. (1980): *Case Management in Community Based Services: A Training Manual*. New York State Office of Mental Health, Albany, N.Y.

Ross, H. (1980): *Proceedings of the Conference on the Evaluation of Case Management Programs* (5.-6.3.1979). Volunteers for Services to Older Persons, Los Angeles, Calif.

Savage, V.T., Novak, A.R. und Heal, L.W. (1980): "Generic services for developmentally disabled citizens". In: Novak, A.R. und Heal, L.W. (Hrsg.), *Integration of Developmentally Disabled Individuals Into the Community*. Brookes, Baltimore, Md.

Schwartz, S., Goldman, H. und Churgin, S. (1981): "Case Management for the chronic mentally ill: Models and dimensions". In: *Hospital and Community Psychiatry*, 33(12), S. 1006-1009.

Sigelman, C., Bell, N., Schoenrock, C., Elias, S. und Danker-Brown, P. (1978): *Alternative Community Placements and Outcome*. Paper presented at the Annual Meeting of the American Association on Mental Deficiency, Denver, Colo.

Spitalnik, D. (1981): "The case manager role and the training of case managers". In: *National Conference on Social Welfare — Final Report: Case Management: State of the Art 47-71*. The Conference, Washington, D.C.

Spitalnik, D. und Sullivan, D. (1988): *Draft Report: Case Management Services for Persons with Developmental Disabilities in New Jersey: A Systems Analysis*. University Affiliated Program, Robert Wood Johnson Medical School, Piscataway, N.J.

Stein, L. (Hrsg.) (1979): *Community Support Systems for the Long-Term Patient*. Jossey-Bass, San Francisco, Calif.

Test, M. (1979): "Continuity of care in community treatment". In: Stein, L. (Hrsg.): *Community Support Systems for the Long-Term Patient*. Jossey-Bass, San Francisco, Calif.

Turner, J. (1977): "Comprehensive community support systems for severely disabled adults". In: *Psychosocial Rehabilitation Journal*, 1, S. 39-47.

United States Senate, Committee on Labor and Human Resources (1979): *Rehabilitation, Comprehensive Services and Developmental Disabilities Legislation: A Compilation*. US Government Printing Office, Washington, D.C.

Willer, B. und Intagliata, J. (1984): *Promises and Realities for Mentally Retarded Citizens*. University Park Press, Baltimore, Md.

Wray, L. und Wieck, C. (1985): "Moving persons with developmental disabilities toward less restrictive environments through case management". In: Lakin, C. und Bruinick, R. (Hrsg.): *Strategies for Achieving Community Integration of Developmentally Disabled Citizens*. Brookes, Baltimore, Md.

Teil 3

SCHLUSSFOLGERUNGEN

WESENTLICHE ELEMENTE DER ORGANISATION UND DER BEWÄLTIGUNG DES ÜBERGANGS

Die zentrale Aussage dieses Berichts ist, daß Jugendliche mit Behinderungen eine kontinuierliche Unterstützung brauchen, wenn sie den Übergang in das Erwerbs- und Erwachsenenleben erfolgreich bewältigen sollen. Es ist entscheidend, daß Behörden, Ämter und Mitarbeiter zur Gewährleistung dieser Kontinuität auf übereinstimmende Ziele hinarbeiten, so daß Unabhängigkeit im Berufsleben von allen Menschen erlangt werden kann.

Einführung

Zum Abschluß dieser Phase des Projekts über den Übergang Behinderter in das Erwerbs- und Erwachsenenleben wurde, wie von Anfang an geplant, in Dänemark eine Expertenkonferenz veranstaltet. Ihre Aufgabe war es, die wichtigsten Punkte zu benennen, die für die Gewährleistung eines optimalen Ablaufs dieser Schlüsselphase im Leben Behinderter notwendig zu sein scheinen.

Am Anfang der Konferenz stand eine ausführliche Diskussion der im Teil 2 wiedergegebenen Fallstudien. Nach anfänglichen Meinungsverschiedenheiten zeichnete sich ein Konsens über die Bedingungen ab, die für einen reibungslosen Übergang behinderter Jugendlicher von der Schule zur Arbeit geschaffen werden müssen. Die Autoren der Fallstudien beschrieben eine Vielzahl verschiedener Verfahren zur Organisation und Bewältigung des Übergangs in ausgewählten Mitgliedstaaten und erläuterten, wie sich die verschiedenen Verfahren in den unterschiedlichen Kontexten entwickelt haben. Es stellte sich heraus, daß das Kurator-System, wie es in Dänemark entwickelt worden war, eine wichtige Ausgangsbasis war, um die verschiedenen Verfahren zu bewerten und wichtige Punkte des Fallmanagements zu benennen. Man stimmte überein, daß das Kurator-System dem Ideal am nächsten kam, so daß dieses Modell zwangsläufig auch die folgenden allgemeinen Empfehlungen stark beeinflußte.

Die Schlußfolgerungen der Konferenz sollen universell anwendbar sein und wurden deswegen bewußt allgemein gehalten.

Wichtigste Schlußfolgerungen

Bereiche allgemeiner Übereinstimmung

Man darf nicht übersehen, daß Ziele für Behinderte nur innerhalb der jeweiligen gesellschaftlichen und sozialpolitischen Rahmenbedingungen eines Landes — Bedingungen, wie sie beispielsweise in manchen skandinavischen Ländern bestehen — verwirklicht werden können. Solche Bedingungen werden etwa an Zielen deutlich, die auf Gerechtigkeit und den Zugang zu Einrichtungen, die die Gesellschaft zum Wohl aller Menschen geschaffen hat, ebenso großen Wert legen wie auf die Einbeziehung und Beteiligung an der Entwicklung dieser Bedingungen selbst. Die Verwirklichung dieser Grundsätze beinhaltet das Recht auf den vollwertigen Status eines Erwachsenen mit allen Freuden und allem Leid sowie allen Privilegien und Verpflichtungen, die dieses Konzept mit sich bringt. Eine Gesellschaft muß die volle Entwicklung aller ihrer Bürger gewährleisten, und dieses Recht sollte sich in ihrer Politik widerspiegeln. Man muß dabei allerdings berücksichtigen, daß die volle Mitwirkung eine Sache ist, die auch von dem einzelnen Behinderten und seiner Familie angestrebt werden muß. Jede Absonderung steht daher im Widerspruch zu diesen Zielen.

Damit diese Ziele erreicht werden können, sollte — darüber war man sich einig — die grundlegende Einstellung, mit der man an die Betreuung von Jugendlichen mit Behinderungen herangeht,

- individuell ausgerichtet, flexibel und von Interaktion geprägt sein,
- psychosoziale Faktoren angemessen berücksichtigen,
- ein geplantes Vorgehen, Kontinuität, Nachsorge und Verantwortung einschließen und
- die Jugendlichen und ihre Familien in den Entscheidungsprozeß einbeziehen.

Es sollte noch darauf hingewiesen werden, daß Leistungen auch später noch verfügbar sein müssen und vor Ort in unmittelbarer Nähe der Behinderten erbracht werden sollten.

Organisation der Hilfen

Die Feststellung, daß Hilfen einen wichtigen Aspekt eines erfolgreichen Übergangs darstellen, wirft die Frage auf, wie diese Hilfen organisiert werden sollten. Über folgende Punkte herrschte Übereinstimmung:

a) Hilfen sollten so geplant und geleistet werden, daß individuelle Maßnahmen für den Übergang ein nicht nur möglicher, sondern unabdingbarer Bestandteil des Hilfeleistungs-Systems sind. Das bedeutet, daß sie sich nach dem Klienten richten müssen, damit dieser ein Höchstmaß an Entscheidungsfreiheit hat. Dies wiederum erfordert eine Koordination der Finanzierung zwischen Hilfsdiensten und Ämtern sowie koordinierte finanzielle Hilfen für Behinderte, um eine effektive Organisation des Übergangs zu gewährleisten. Außerdem muß das System flexibel genug sein, um auf die wechselnden Bedürfnisse der Gemeinden reagieren zu können. Dies wiederum bedeutet, daß die Auswahl der Hilfen und die Entscheidungsfindung der örtlichen Ebene überlassen werden sollten.

b) Für diese Hilfen sollten Betreuer mit Schlüsselfunktionen verantwortlich sein, die selbst bestimmte Voraussetzungen benötigen:

ba) Sie brauchen eine angemessene Ausbildung,

bb) sie können nur eine bestimmte Zahl von Klienten betreuen, da die Unterstützung notwendigerweise nicht nur dem Klienten, sondern auch seiner Familie geleistet wird. Unter diesen Umständen können Fälle besonders komplex werden,

bc) sie brauchen einen leichten Zugang zu vielfältigen Informationen, beispielsweise über Programme und Hilfen,

bd) sie brauchen eine Arbeitsgruppe zur fachlichen Unterstützung, nicht nur um ihr Wissen auf dem neuesten Stand zu halten, sondern auch um ihre Zufriedenheit mit der Arbeit zu steigern und einem Verschleiß vorzubeugen. Es gab einige Diskussionen über die Berufsbezeichnung, die eine solche Person vorzugsweise haben sollte. Man kam überein, daß der Name zwar wichtig sei, daß die endgültige Bezeichnung sich aber nach den Umständen im jeweiligen Mitgliedstaat richten sollte.

c) Die Hilfen müssen genau beobachtet und bewertet werden, um bei den verschiedenen Fallmanagern sowie den Programmen und Hilfen ebenso eine Kontinuität sicherzustellen wie für den Fall, daß die Betreuung eines Klienten von einer Stelle an eine andere abgegeben werden muß. Natürlich ist es aber vorzuziehen, daß für einen Klienten immer nur ein einziger Betreuer zuständig ist.

d) Es muß eine Entscheidung darüber getroffen werden, welchen Umfang das Fallmanagement während der Übergangsphase haben soll. Eine Planung kann den Prozeß so einschränken, daß nur der Zugang zu den geeigneten Einrichtungen sichergestellt wird, während eine andere auch eine Beratung umfassen kann. Außerdem muß geklärt werden, in welchem Alter man die Klienten betreut.

Außerordentlich wichtig ist auch die Frage, ob Fallmanagement sich nur auf das Ziel einer Anstellung beschränken sollte oder nicht. Sollte sich ein Fallmanager beispielsweise auch mit Anpassungsfragen befassen, wenn ein behinderter Erwachsener aus einer Behinderteneinrichtung in die Gesellschaft wechselt? Die Erfahrung aus dem Kurator-Modell hat gezeigt, daß ein gewisser Druck besteht, die Rolle des Fallmanagers auf ein großes Spektrum von Behinderungen, wie schwere geistige Behinderungen, auszuweiten, was weit über den ursprünglichen Auftrag, Jugendliche mit Lernstörungen zu betreuen, hinausgeht.

Eigenschaften des Fallmanagers

Schließlich sollten auch die Eigenschaften der Fallmanager selbst untersucht werden. Im folgenden werden einige der wichtigsten Merkmale, die Fallmanager idealerweise haben sollten, umrissen; ferner werden Arbeitsweise und Tätigkeit skizziert.

EIGENSCHAFTEN	Regelmäßige Erfahrung mit Jugendlichen in der Schule und anderswo.
	Soziale Flexibilität.
	Gleichermaßen guter Gesprächspartner in vielen verschiedenen Lebensbereichen des Zuhauses, der Schule und der Arbeit.
	Lebt in der Gegend und kennt sich aus.
	Ein guter Zuhörer.
	Gute Selbstbeherrschung.
	Beratungskompetenz.
	Kenntnis der Behinderungen.
	Vertrauenerweckender Mensch.
VORGEHEN	Beurteilung (mit anderen Fachleuten zusammen); Sammeln von Material für einen individuellen Übergangsplan.
	Vorbereitung dieses Plans zusammen mit anderen.
	Abstimmung des Plans mit dem Jugendlichen und seiner Familie.
	Hilfe bei der Umsetzung des Plans.
	Unterstützung des Behinderten und seiner Familie.
	Überwachung des Erfolgs des Übergangs.
TÄTIGKEITEN	Informationsvermittlung über weiterführende Bildung, Berufsausbildung, Freizeitmöglichkeiten, Wohngeld usw.
	Aufbau von Beziehungen zu dem Jugendlichen und seiner Familie, den Lehrern, den Sozialarbeitern, den Arbeitgebern und -nehmern sowie den Ämtern.
	Hilfe bei Besuchen, Vorstellungsgesprächen, Stellenvermittlungen und dem Kontakt der Jugendlichen zu Ämtern.
	Gewährleistung einer Kontinuität während des Übergangs.
	Kommunikation und Koordination von individuellen Programmen.

Schlußkommentar

In diesem Teil des Berichts sollten die von den Konferenzteilnehmern geäußerten Meinungen darüber, wie Fallmanagement bei dem Übergang junger Menschen mit Behinderungen in den Beruf aussehen kann, zusammengefaßt werden. Dabei lag das Schwergewicht darauf, Betreuern, die Übergangsmaßnahmen für behinderte Jugendliche planen wollen, zu helfen.

Der Bericht zeigt, daß es Grundsätze und Verfahren gibt, die in geeigneter Form auch auf die unterschiedlichen Kontexte anderer Länder übertragen werden können. Doch erfordert dies eine genaue Kenntnis des Übergangsprozesses. Ein erfolgreicher Übergang wird dort nicht erreicht werden, wo die Behörden, Ämter und Mitarbeiter, die an dem Übergang beteiligt sind, isoliert voneinander arbeiten.

Die Konferenz hat gezeigt, daß es unter den Fachleuten, die sich mit dieser Frage beschäftigt hatten, allgemeine Übereinstimmung über die wichtigsten Kennzeichen einer erfolgreichen Übergangsbetreuung gab. Fragen der Gewichtung und Prioritätensetzung können nur im Kontext der politischen Grundsätze und Gepflogenheiten des jeweiligen Mitgliedstaates gelöst werden. Es bleibt zu hoffen, daß dieser Bericht als geeignete Ausgangsbasis für die Entwicklung von Verfahren für die Organisation und Bewältigung des Übergangs dienen kann.

Die zentrale Aussage dieses Berichts soll hier noch einmal wiederholt werden: Jugendliche mit Behinderungen brauchen eine kontinuierliche Unterstützung, wenn sie den Übergang in das Erwerbs- und Erwachsenenleben erfolgreich bewältigen sollen. Es ist entscheidend, daß Behörden, Ämter und Mitarbeiter zur Gewährleistung dieser Kontinuität auf übereinstimmende Ziele hinarbeiten, so daß Unabhängigkeit im Berufsleben von allen Menschen erlangt werden kann.

AUSGEWÄHLTE DEUTSCHE LITERATUR
(vom Übersetzer zusammengestellt)

Behinderte in ausländischen Schulen — Wege zur Integration (1982). München: Minerva. (Marburger Beiträge zur vergleichenden Erziehungswissenschaft und Bildungsforschung. Bd.17)

Blumenthal, Viktor von u.a. (1987): Soziale Integration Behinderter durch Weiterbildung: zur Situation in England, Frankreich, Italien, Schweden, USA. Bad Heilbrunn/Obb.: Klinkhardt.

Hirvonen, Petri und Burkhauser, Richard von (1990): Entwicklungstendenzen der Behindertenpolitik in Schweden, den USA und der Bundesrepublik Deutschland. Arbeitsmarktintegration oder Anpassung? Frankfurt am Main: Johann Wolfgang Goethe-Universität. (Arbeitspapier des Sonderforschungsbereiches 3 "Mikroanalytische Grundlagen der Gesellschaftspolitik". 309)

König, Andreas (1986): Normalisierung und Bürgerrechte: geistig behinderte Erwachsene in den USA. Frankfurt am Main: Afra-Druck.

Marquardt, Regine (1975): Sonderschule — und was dann? Zur Situation von Sonderschülern auf dem Arbeitsmarkt und im Beruf. Frankfurt am Main und München: aspekte verlag. (Forschungsberichte aus dem Institut für sozialwissenschaftliche Forschung e.V. München.)

Schmid, Günter und Semlinger, Klaus (1984): Arbeitsmarktpolitik für Behinderte. Erfahrungen aus der Bundesrepublik Deutschland, Großbritannien, Schweden und den USA. Berlin: Internationales Institut für Management und Verwaltung. (IIM/ LMP 84-10)

Staatliche Maßnahmen zur Realisierung des Rechts auf Bildung in Schule und Hochschule: Zur Situation in England, Frankreich, Italien, Schweden und den USA (1981). München: Minerva. (Marburger Beiträge zur vergleichenden Erziehungswissenschaft und Bildungsforschung, Bd.13)

BILDUNGSFORSCHUNG INTERNATIONALER ORGANISATIONEN

Herausgegeben von Wolfgang Mitter und Ulrich Schäfer

Band 1 Graduiertenstudium im Umbruch. Ein OECD-Bericht. 1990.

Band 2 Schulen und Qualität. Ein internationaler OECD-Bericht. 1991.

Band 3 Informationstechnologien im Bildungswesen: Auf dem Weg zu einer besseren Software. Ein OECD/CERI-Bericht. 1991.

Band 4 Bildungs- und Ausbildungswege für die Sechzehn- bis Neunzehnjährigen. Ein OECD-Bericht. 1991.

Band 5 Wolfgang Mitter / Manfred Weiß / Ulrich Schäfer (Hrsg.): Neuere Entwicklungstendenzen im Bildungswesen in Osteuropa. Beiträge des UNESCO-Workshops im Deutschen Institut für Internationale Pädagogische Forschung in Frankfurt am Main vom 5.-7. Juni 1991. 1992.

Band 6 Malcolm Skilbeck: Curriculumreform. Eine Übersicht über neuere Entwicklungen. Ein OECD/CERI-Bericht. 1992.

Band 7 Wolfgang Mitter / Ulrich Schäfer (Hrsg.): Behinderte Jugendliche und ihr Übergang ins Erwerbs- und Erwachsenenleben. Ein OECD/CERI-Bericht. 1993.

Bildungs- und Ausbildungswege
für die Sechzehn- bis Neunzehnjährigen
Ein OECD-Bericht

Frankfurt/M., Berlin, Bern, New York, Paris, Wien, 1991. 179 S.
Bildungsforschung Internationaler Organisationen. Herausgegeben
von Wolfgang Mitter und Ulrich Schäfer, Deutsches Institut
für Internationale Pädagogische Forschung, im Auftrag des
Bundesministeriums für Bildung und Wissenschaft. Bd. 4
ISBN 3-631-44419-2

br. DM 27.--

Im Mittelpunkt dieses Berichtes stehen die Veränderungen in den
Strukturen und Inhalten der Bildungsphase nach der Pflichtschulzeit in
11 OECD-Staaten. Angesichts der Tatsache, daß ein immer größerer
Prozentsatz der Jugendlichen ein weiterführendes Bildungs- oder Aus-
bildungsangebot wahrnimmt, gerät die traditionelle Unterteilung
dieser Phase in allgemeine, technische und berufliche Bildung ins
Wanken. Die Autoren schlagen vor, diese Bildungsphase als eine
grundlegende Stufe für das spätere Hochschulstudium bzw. die spätere
Berufstätigkeit neu zu konzipieren.

Aus dem Inhalt: Merkmale der Bildungsstufe nach der Pflichtschulzeit – Strukturen und Tendenzen – Die dreiteilige Struktur – Inhalt,
Prozeß und Struktur der Bildungsgänge

Verlag Peter Lang Frankfurt a.M. · Berlin · Bern · New York · Paris · Wien
Auslieferung: Verlag Peter Lang AG, Jupiterstr. 15, CH-3000 Bern 15
Telefon (004131) 9411122, Telefax (004131) 9411131

– Preisänderungen vorbehalten –